행복을

떠나보내는

자유

초판 1쇄 인쇄　2022년 11월 15일
초판 1쇄 발행　2022년 11월 25일

지은이　폴라 다시
옮긴이　손하경

편집　김기섭
총무　김상군

발행처　단열삼열
2011년 5월 12일. 제2011-000082호.
발행인　김기섭

주소　경기도 고양시 일산서구 탄중로 518 101동 1401호
031-965-0001　02-406-3237　010-4181 3056
FAX. 02-401-3387

ISBN　978-89-426-1573-5　03040

값　10,000원

우리는 자신의 삶에 대하여
너무 작은 것을 요구하고
또 너무 작은 것을 꿈꾼다.

— 존 키르반, 신의 굶주림(God Hunger)

차 례

제3부 별 말은 하지 않았지만

편집자의 말

이 책 “행복을 떠나보내는 자유”는 2008년에 “이별 연습”이라는 제목으로 출간되었던 것을 이번에 새로 번역하여 다시 출판한 것이다. 지난번 출판되었던 책은 가볍게 읽을 수 있도록 의역을 많이 했고, 또 생략과 함께 챕터를 분할하거나 순서를 바꾸는 경우가 꽤 있어서, 읽어나가기는 편하지만 저자의 의도를 제대로 살리지 못하는 부분이 있었다고 생각된다. 따라서 이번에는 원저 그대로 직역 번역을 해서 저자의 뜻을 살리도록 하였다.

본래 이 책은 가톨릭적인 색채가 농후한 저작물이지만, 그렇다고 배타적이냐 하면 그렇지는 않다. 굳이 기독교인이 아니더라도 누구든지 읽고 감동을 받을 수 있는 내용이므로 읽어보기를 권하는 마음이다. 이 책의 중심 내용은 2부에서 모리 교수와의 경험을 다루는 부분인데, 모리 교수 자신이 기독교인이 아니었고, 마지막까지 결정적으로 기독교인이 되지 못했던 것 같다. 물론 그렇다고 해서 그가 기독교의 구원의 범주에 들어오지 못했느냐 하면 또 그렇다고 말할 수는 없는 노릇이다.

아무튼 이 책을 읽다 보면 이 부분 저 부분에서 때때로 가슴이 저릿해지는 느낌을 피할 수 없을 것이다. 같은 사람이라면 누구든지 동의할 수밖에 없는 어떤 부분을 터치해주기 때문이리라. 사실 이 저자에 대해서 잘 알지 못하고 책의 구성 또한 뭔가 안정적이지 못한 감이 있지만, 이 작은 책을 통하여 우리가 느끼고 발견하고 깨달아 얻을 수 있는 지혜가 적지 않으므로, 출판할 만한 의미와 읽어볼 만한 가치가 충분하다고 판단된다.

15년 이상 실무에서 손을 뗐다가 다시 일을 맡아보니 이 작은 책 하나를 편집하는 게 결코 쉽지 않았다. 일하는 감각을 회복하는 게 가장 힘들었다. 우여곡절 끝에 작업을 완료하고 보니 과연 어떤 결과가 나올 지 궁금한 마음이다. 나는 그리스도인이지만, 그리스도인이 아니어도 읽고 감동받는 데는 아무 지장이 없을 것으로 생각된다. 많은 사람들의 선택을 받을 수 있도록 기독교 전문 출판사가 아닌 단열삼열을 통하여 출간하는 바이다.

2022년 10월 24일

제1부

침대에서 빠져나오기 위하여

1. 당신의 인생을 놓치지 말라

1984년에 나는, 지금은 절판된 지 여러 해가 지난 "바람이 불어오는 곳"(Where the Wind Begins)을 출판했다. '특별한 용기로 자신의 삶에 직면한 사람들에 대한 이야기 모음집'인 그 책은, 여러 독자들이 특히 좋아했던 작품이다. 3년 전 그 책을 다시 출판하기 위해 재편집을 시도했는데, 나는 내 인생과 신앙관이, 그 책을 처음 썼을 때와는 너무 많이 변해 버렸다는 사실을 깨달았다.

20년이 지난 후에 쓰는 이 책 "Sacred Threshold"는 어떤 의미에서는 나의 첫 작품의 정신을 이어받아 썼다고 할 수 있을지도 모른다. 하지만 이 책은 각각의 이야기들을 통해 계속되는 내러티브의 시점으로, 일반적인 유대를 벗어난 사랑에 초점을 두고 있다. 그 사랑은 우리에게 이렇게 말한다.

"놓치지 마세요. 당신의 인생을 잃어버리지 마세요. 우리가 이미 알고 있는 사랑의 경험보다 더 많은 것들이 있어요. 당신의 마음의 경계를 넓혀가세요. 당신을 기다리는 자유를 향해, 그 다음 문턱을 넘어가기 위해 용기를 내세요."

이 책에 등장하는 사람들은 모두 나에게 큰 영향을 주었었다. 그리고 우리가 함께 나누었던 경험들을 밖으로 드러낼 수 있도록 허락해 준 데 대하여 깊이 감사하고 있다. 이 책의 모든 이야기들은, 그들의 허락을 구한 다음에 여기 수록되었다. 그들의 망설임 없는 허락은 이 책에서 지향하는 사랑의 표현과도 같다. 특히 그 중 두 이야기는 내가 심리치료사였기에 경험할 수 있었던 일이다.

첫번째 이야기는 내가 치료사 훈련 중에 만난, 지금은 어른이 된 한 소년에 대한 이야기이다. 두 번째 이야기는 이제 유명 인사가 된 모리 슈워츠 교수와 나누었던 것으로서, 그의 죽음에 대한 아름다운 교감을 서술하고 있다.

모리 교수와 나는 많은 시간을 함께 보내면서, 우리가 경험한 것이 다른 사람들에게 큰 도움이 되리라는 사실을 깨닫고 있었다. 모리 교수는 종종 "내가 사라지고 나면 이 모든 것을 다른 이들에게 전해 주게"라고 말하곤 했다. 내가 인간성의 본질적인 어떤 부분에 대하여 자신과 공감하고 있다는 사실을 그는 알고 있었다. 그때 모리 교수와 나는, 사람들이 자신의 인생에서 가능한 한 많은 것을 발견하고 깨달을 수 있도록 돕고 싶다는 책임감을 분명히 가지고 있었다

그러나 나는 그것이 그렇게 시급한 일이라고는 생각하지 않았다. 모리 교수는, 10여년 전 우리에게 직접 말을 걸었던 사랑의 본질에 대한 이야기들이, 적절한 때에 적절한 기록물을 통하여 잘 드러나게 될 것이라는 사실을 알고 있었다. 그 '적절한' 시기라는 것은, 모리 교수가 그랬듯이 나 자신에게도 역시 결정적인 순간 앞에 설 것을 요구했다.

> 우리가 이미 알고 있는 사랑의 경험보다 무한히 넓은 경험이 있어요. 당신의 마음의 경계를 넓혀 가세요. 당신을 기다리는 자유를 향해, 다음 문턱을 넘어가기 위한 용기를 내세요.

책의 내용을 통하여 드러나겠지만 나와 모리 교수의 관계는, 인간 사랑의 풍부한 경험을 가능하게 해주었다. 그러나 일반적인 상황에서는 고려되기 힘든 예외에 속하는 경우라고 할 수 있다. 아니, 사실 내가 심리치료사로 일한 오랜 기간을 통하여 모리 교수는 유일한 예외였다. 하지만 그럼에도 이 이야기의 핵심적인 내용은 심리치료에 국한

되지 않는다는 점을 강조해 두고 싶다.

심리치료에서 상담 시간은 존중되어야 하며 프라이버시 역시 지켜져야 한다. 나는 이 책에서 모리 교수가 전해 달라고 부탁한 것에 대해서만 얘기할 것이다. 우리의 첫 만남의 역동 — 대부분의 경우 첫 만남에서 이후의 모든 것이 결정되곤 한다 — 에 대해, 그리고 죽음과 삶의 미스테리를 열정적으로 지켜보던 두 사람 사이의 일련의 가슴 아픈 만남에 대하여.

2. 새로운 풍경

지금 내 오디오 시스템에서는 재능 있는 지휘자 · 가수 · 작사자인 크레이그 헬라 존슨의 히든 뮤직 CD가 돌아가고 있다. 그가 주도한 자선 행사에서 100여 명의 기부자들에게 선물로 주었던 이 CD의 노래 중 대표곡의 멜로디와 가사가 뇌리를 떠나지 않는다. 존슨은 계속해서 '우리 자신은 모든 인류의 마음의 일부'라고 노래한다. 노래가 끝난 다음에 나는 "우리 자신은 모든 인류의 마음의 일부"라고 크게 소리 내어 말해 본다.

처음에 떠오르는 이미지는 오늘 내가 가장 중요하다고 생각하는 것에 대해 이야기한다. 이 세상의 수많은 인생들이 모두 각각 별개인 것처럼 보이지만 그러나 우리는 깨달아야 한다. 인류의 진실된 하나됨에 대하여, 원자 깊숙한 곳에 숨어 있는 장엄한 별과 같이 우리 안에서 드러나기를 기다리는 완전한 지혜에 대하여, 불멸이 우리의 본질이라는 진실에 대하여. 이 불멸의 광채는 이 세상을 위해, 상상하는 것 이상을 이루어낼 수 있는 인간 정신을 위해, 우리 내면에 잠들어 있는 영혼을 깨우라고 우리의 등을 떠밀고 있다.

나에게는 어렸을 때부터 함께 했던 질문들이 있다: 나는 얼마나 알고 싶어하는가? 나는 성장하기 위해 삶이 흔들리는 것을 참아낼 수 있는가? 사랑의 힘이 나를 어디로 데려다 줄 수 있을지 나는 정말 알고 싶은가? 나는 진실을 알기 위해 몇 번이고 집을 떠날 수 있는가?

만약 우리가 내재한 힘을 잠깐이나마 경험하고 실현하여 그 힘을 다룰 수 있다면 어떻게 될까? 우리가 그 통로가 될 수 있다면? 다른 이들의 손을 붙잡고 우리가 이미 달성한 모든 것을 향해 함께 나아가는 데에 전념한다면?

역사의 매순간마다 특별한 사람들의 대담한 선택이, 사회악을 바로잡고 사람들을 억압으로부터 해방하곤 해 왔다. 만약 진실된 사랑과 위대한 자유를 향해 손을 뻗는 사람들의 숫자가, 인간의 정신과 인류의 발전를 위한 임계치에 달하게 된다면 이 세상은 어떻게 변화될 수 있을까? 우리가 살아가는 이 시대에 대해 모두가 좀더 넓은 마음으로 접근한다면 어떻게 될까? 우리 속에 숨어 있는 진정한 힘을 잠깐이나마 경험하고 그 힘을 다스릴 수 있게 된다면? 우리 스스로가 그 통로가 될 수 있다면? 다른 사람들의 손을 잡고 우리가 이미 달성한 모든 것을 향해 함께 나아가는 데에 전념할 수 있다면?

누가 우리에게 그 길을 보여줄 수 있을까? 누가 우리에게 인내와 승리를 가르쳐줄 수 있을까? 누가 우리 안에 감추어진 광채를, 그 숨겨진 신비를 찾을 수 있도록 도와줄 수 있을까? 어떻게 해야 실재하는 영혼을 볼 수 있는 눈을 뜰 수 있을까? 존슨은 아마도 우리가 서로를 위한 천사일지도 모른다는 이야기로 그의 CD를 끝맺는다. 우리가 그렇게 할 의지가 있다면.

3. 시작들

1989년에 나는 '비전 탐색'(vision quest)에 참여한 적이 있었다. 3일 동안 음식, 전화, 만남, 독서 등 평소에 이 세상의 본질에 집중하는 것을 방해하던 모든 것들로부터 격리된 채 나는 혼자서 천천히 주변의 자연 세계와 하나님의 창조물들로 나를 채우기 시작했다. 어느 순간 자연은 나의 양식이 되었고, 어느 순간 가능하리라고는 생각하지 못했던 방식으로 나는 주변 환경과 소통하고 있었다.

강의 변화와 흐름, 펼쳐진 나뭇잎들, 개화한 꽃들이 눈에 들어오기 시작했다. 새와 나무의 언어들이 천천히 자기 소리를 드러내고 있었다. 생명이 축제처럼 묘사되는 것이 눈에 들어왔고, 이제 그것이 사실이라는 것을 느낄 수 있었다. 그것은 지적인 이해를 통해서가 아니었다. 어떤 생명의 신비와 함께 하는 경험, 그리고 내면으로부터 무엇인가 나에게 말을 거는 경험으로부터 깨닫게 된 것이었다.

나의 탐색이 끝났을 때 에덴 동산은, 먼 과거나 미래에 대한 꿈으로부터 제시되는 화려하고 아름다운 낙원이 아니라는 점이 명확해졌다. 내가 사는 지구가 곧 에덴 동산이기는 하지만, 우리의 무지로 인하여 감추어져 있으므로, 우리의 현실에서는 눈 앞에 있는 그 진실을 볼 수 없다는 것이 사실이다. 나는 "마음 여행"(Gift of the Red Bird)에서 책을 통하여 이 깨달음을 다른 사람들에게 전하려고 시도하였다. 그러나 그 후에 그 깨달음에 찬물을 끼얹는 또 다른 깨달음이 있음을 알게 되었다.

물질적인 풍요를 추구하는 서구 문명에는 인생의 본질에 대한 우리의 집중을 방해하는 요소가 너무 많다. 내적으로 자신의 삶을 관조하는 행위는 본래가 쉽지 않은 것인데, 물질 문명의 방해로 인해 더욱 어려워지고 있는 것이 현실이다. 많은 사람들이 개인 시간 동안 TV, 컴퓨터, 스마트폰, 그리고 각종 전자기기의 화면을 들여다보면서, 그것이 우리의 영혼에 어떠한 영향을 미치는지 생각하지 못하고 있다.

그런 자극들이 얼마나 인간의 영혼과 정신을 약화시키는지는 가늠이 불가능할 정도이다. 그 시간들을 숲에서 보내거나 바다와 강을 바라보며 보내거나 거미줄에 맺혀 있는 물방울들을 살펴보며 보낸다면 그것만으로도 삶에 엄청난 변화를 가져올 수 있다. 하지만 우리의 상상력은 그런 이야기를 들려주지 못한다. 우리는 그것을 볼 수 없는 것이다.

비전 탐색을 마치고 여러 해가 지난 다음 나는 다시 사막에 가게 되었다. 나와 같은 길을 가려고 하는 여섯 명의 사람들을 도와 베이스캠프를 관리하기 위해서였다. 탐구자들 중 세 명은 내 친구이기도 했다. 이렇게 단호하게, 어떤 목적을 가지고 문명으로부터 벗어나 보려는 시도는 쉽게 넘을 수 없는 문턱이 된다. 거친 자연 환경에 익숙하지 않은 사람들은 그런 원시적인 환경을 너무 무겁게 받아들이는 경향이 있다. 또한 안전하지 않다고 느낄 수도 있다.

첫 날, 우리는 하루종일 캠프를 준비했다. 티피(역자 주: 원뿔형 천막)를 세워 거처를 마련하고 한 구역을 부엌으로 지정했다. 모든 과정의 총책임자인 인디언 친구가 무엇을 어떻게 해야 하는지 시범을 보여주었다. 여행에 참여한 모두의 안전에 대한 책임이 그에게 있었기 때문에 나는 진심으로 그를 도우려고 노력했다.

둘째 날 아침 그와 나는, 다섯 남자와 한 여자가 원시적인 자연에서 홀로 낮과 밤을 보내기 위해, 안전한 울타리를 떠나 사막으로 들어가는 것을 지켜보았다. 그들은 물과

침낭과 방수포만을 챙겨 갔다. 그런데 그들이 멀어지는 것을 바라보면서 내 마음 속에 무언가가 울컥하는 것이 느껴졌다. 나도 같이 떠나고 싶었던 모양이다. 감정이 내 안에서 갑자기 요동치며 올라왔다.

나는 그들이 큰 길에서 흩어져 각자의 길로 걸어가는 것을 상상했다. 그들은 모든 문명적인 것들로부터 접촉이 끊어진 자신만의 장소에서 자기 내면을 들여다보기 시작할 것이다. 나는 그러한 경험이 얼마나 강렬하고 깊은지 알고 있었다. 방해받지 않는 사막의 침묵 속에서 내면 깊은 곳에 있는 진정한 자신의 모습을 마주했을 때 얼마나 많은 것을 배우고 깨달을 수 있는지 말이다. 왜 나도 같이 그 탐색에 따라나설 생각을 하지 못했을까? 왜 나는 사막으로 떠나기 위한 모든 일정을 조율하면서도 캠프에서 평범한 잡일들을 감당하는 것으로 만족했을까?

둘째 날 아침에 나는 나 자신에게 실망감을 느꼈다. 하지만 그 날 나는 하루종일 나에게 주어진 환경을 돌아보며 소리들을 들으며 냄새를 맡으며 그렇게 시간을 보냈다. 저녁 즈음이 되어서야 나는 비로소 마음을 가라앉히고 지금 여기 주어진 경험에 자신을 완전히 맡기기 시작했다. 후회는 잠시 접어두기로 했다.

내 탐색이 끝났을 때, 에덴 동산은 먼 옛날이나 미래에 대한 꿈에서 나오는 화려하고 아름다운 동산이 아니라는 것이 명확해졌다. 지구가 곧 에덴 동산이었다.

10년이 넘는 시간이 지난 지금, 나는 이 이야기를 하며 가만히 웃곤 한다. '공식적으로' 그 탐색에 참여하지 않았다는 이유만으로 나는 내 시간이, 탐색에 참여한 사람들의 시간과 같은 잠재력을 갖지 못했다고 믿어버린 것이다.

"나는 그저 조연일 뿐이야."
"나는 주인공이 아니야."

그것은 어리석은 결론이었다. 자연은 그런 식으로 시간의 가치를 구분하지 않는다. 자연은 일관되게 자연을 자연으로 바라보는 마음과 영혼에 자기 자신을 열고 사랑으로 화답한다. 우리 삶의 작은 맥락들은 자연 앞에서 큰 의미가 없고 그저 일시적으로 지나가는 것일 따름이다. 난 그것을 잊고 있었다. 내가 비전을 위한 탐색에 참여 중이든, 베이스 캠프를 청소하는 중이든 또는 (정말 최악이지만) 타란튤라(편집자 주: 독거미의 일종)가 티피 안을 가로질러 가는 동안 평온을 유지하려고 노력하는 중이든, 나 역시 일상의 방해로부터 벗어나 사막에서 생활하고 있었다.

나는 금식은 하지 않았지만 최소한으로 먹고 마셨다. 맨 땅에서 잠을 청하며, 치소스 산맥(편집자 주: 미국 콜로라도 주에서 멕시코에 이르는 산맥)을 넘어가면서 사방을 물들이고 있는 아름다운 빛으로 나 자신을 채웠다. 새벽에는 선인장 꽃이 개화하는 모습을 바라보거나 바람의 소리를 들으면서 시간을 보냈다. 평소 나를 가득 채우고 있는 수많은 말들을 떠올리기를 거부했다. 사막의 빛과 주변을 둘러싸고 있는 침묵에 나를 맡긴 지 48시간 후에는, 나는 아주 큰 평화를 누리고 있었다.

셋째 날 저녁, 탐색자들이 캠프로 돌아오기 전에 나는 석양과 함께 긴 산책을 하면서 고독의 마지막 밤공기를 들이마셨다. 머리부터 발 끝까지 먼지에 덮이고 옷과 머리카락 여기저기 흙이 엉겨붙은 내 모습은 꽤나 우스꽝스러웠을 것이다. 하지만 나는 전혀 상관하지 않았다. (만약 가지고 있었다면) 거울에 비쳐졌을 내 모습이 그토록 사소하게 여겨질 수가 없었다. 나는 한 시간이 넘도록 지팡이를 옆에 내려놓은 채 그냥 길가에 앉아 있었다.

작은 돌 투성이의 땅을 느끼면서 그 에너지의 화음에 익숙해진 채 잠에 빠지기를 나흘, 길지 않은 시간이지만 내가 이 세계와 공감하는 방식이 얼마나 달라졌는지 나는 분명히 느낄 수 있었다. 자연과 물리적으로 가까워졌다는 사실이 내면의 평온과 따듯한 행복감을 만들어낸 것이다. 밤하늘을 가로지르는 붉은빛, 보랏빛, 오렌지빛의 줄무늬들을 바라보는 것만으로도 내가 필요로 하는 천국에 부족한 것이 없었다. 빛의 붓질이 더는 옅어질 수 없을 만큼 땅거미가 지고 난 다음에야 나는 마지못해 일어나 천천히 캠프를 향해 걸어가기 시작했다.

> 많은 사람들이 개인 시간 동안 TV, 컴퓨터, 스마트폰, 그리고 각종 전자기기의 화면을 들여다보면서, 그것이 우리의 영혼에 어떠한 영향을 미치는지 생각하지 못하고 있다.

저녁 어스름과 함께 소리 없이 작은 덤불 사이로 사라지는 작은 동물을 보기 위해 잠시 멈추었다가 길을 따라 천천히 걸어간 지 몇 분이나 지났을까, 뒤에서 발자국 소리가 들렸다. 캠프의 리더가 아름다운 저녁 그늘에서 산책을 마치고 나를 따라잡으려는 줄로 생각했던 나는, 멈추어 서서 그가 오기를 기다렸다. 그러나 그에게 인사하거나 그를 확인하기 위해 돌아서지는 않았다. 어차피 이 길에는 우리 둘 말고는 있을 사람이 없었으니까.

나는 햇빛의 마지막 흔적을 눈에 담기 위해 계속 앞을 주시하고 있었다. 그런데 발자국 소리가 계속 들렸지만 한 참 지난 다음에도 캠프 리더는 내가 있는 곳에 도착하지 않았다. 그가 어디까지 왔는지 보기 위해 돌아섰을 때였다. 그제서야 나는 리더가 아닌 다른 누군가가 있다는 사실을 깨달았다. 나는 놀라지 않을 수 없었다. 아주 체계적인 뉴 잉글랜드(역자 주: 미국 북동부 지역) 교육의 어떤 가르침도 내 눈이 본 광경을 설명해 주지 못했을 것이다.

내 뒤에는 한 무리의 여인들이 사막의 밤을 가로지르며 산맥을 둘러싼 길을 따라 걸어가고 있었는데, 끝이 보이지 않는 긴 행렬을 이루고 있었다. 그녀들은 얼굴을 가린 채 고개를 숙이고 있었으며, 각자 서로 다른 국가를 상징하는 색깔과 양식의 전통 복장을 하고 있었다. 치맛자락이 부드럽게 땅을 따라 끌리며 작은 돌들과 관목들을 쓸고 지나갔다. 들리는 소리는 그녀들의 발소리뿐이었다.

나는 여러 번 눈을 감았다가 떠 보았지만, 그 여인들은 여전히 걸어가고 있었다. 그녀들의 모습은 나에게 경이로움과 함께 두려움을 더해 주었다. 그런 모습을 보고 어떻게 놀라지 않을 수 있을까? 나는 불안감에 휘둘리지 않고 다시 앞으로 걸어가려고 애를 썼다. 수시로 나는 뒤를 흘깃 돌아보았지만 고개를 돌릴 때마다 그녀들은 계속 걸어가고 있었다. 그녀들이 나를 따라오고 있는 듯한 느낌도 들었다. 하지만 그녀들은 일정한 속도로 걷고 있었음에도 나를 따라잡지는 못했다. 나는 내 눈으로 직접 보고 있음에도 믿을 수가 없었다. 그녀들은 마치 다른 차원에서 이동 중인 것처럼 보였다.

> 내 뒤에 어느 여인들이 사막의 밤을 가로질러 산맥을 둘러싼 길을 따라 끝이 보이지 않는 긴 줄을 지어 걷고 있었다.

캠프에 도착하기 전 마지막 굽이에서 뒤를 돌아보았을 때 길은 비어 있었다. 그녀들은 사라지고 없었다. 최소한 나에게는 더이상 그녀들이 보이지 않았다. 나는 방금 경험한 것을 이해할 수 있는 어떤 기준도 가지고 있지 않았다. 친구들에게 이 이야기를 하는 나를 잠깐 상상해 보았다. "내가 뭘 봤는지 맞춰보세요!" 하지만 그 다음에는 뭐라고 말하지? UFO를 봤다고 신고하는 것과 다를 게 없었다. 티피에서 불빛이 보였다. 리더가 와 있으리라.

나는 한동안 캠프의 입구 앞에서 생각에 잠겨 있다가 안으로 들어갔다. 바닥에 앉아 있던 리더는 내가 들어서자 고개를 들어 나를 바라보았다. 내 얼굴을 관찰하던 그는 천천히 미소를 지으며 물었다.

"무엇을 보셨습니까?"

그는 몹시 궁금한 눈치였다. (그는 내가 무언가를 목격

했다는 사실을 알아차린 듯했다) 그에게 내가 본 것을 털어놓자 리더는 고개를 끄덕이면서 혹시 그 여인들에게 무엇인가 질문을 했는지 물어보았다.

"그들이 무엇을 원하던가요? 왜 그들이 당신에게 보였을까요?"

나는 내가 참 어리석게 느껴졌다. 그들에게 말을 걸 생각을 전혀 하지 못하다니. 나는 그저 놀라고 두려워했을 따름이었다.

그날 밤, 나는 쉽사리 잠을 이루지 못했다. 침낭에 누워 티피 꼭대기의 틈새로 달빛이 스며드는 것을 지켜보고 있었다. 마침내 눈을 감았을 때, 기다렸다는 듯이 의식 저편에서 여인들의 긴 행렬이 나타났다. 꿈 속에서 그들은 마치 물결치듯이 흘러가고 있었다. 내 눈으로 본 것을 이해하려고, 아니 본 것이 맞는지 고민하는 나를 두고, 그들은 그렇게 떠나갔다.

다음날 아침 여섯 명의 탐색자들이 캠프로 돌아왔다. 리더와 나는 새벽이 오기 전에 일어나 옷을 입고 티피의 동편에 서서 사막의 움직임을 관찰하고 있었다. 마침내 해가 뜨고, 탐색자들이 한 사람씩 시야에 들어오더니 천천히 캠프를 향해 걸어오기 시작했다. 우리는 벅찬 감동이 솟아오르는 것을 느끼며 그들을 맞았다. 나는 애써 눈물이 차오르는 것을 참아야만 했다.

그들은 목마르고 배고프고 피곤해 보였으나, 눈빛만은 살아 있어서 마치 광채가 나는 것 같았다. 평소와는 다른 환경을 경험하고 나서 뭔가 자세가 달라진 듯 싶었다. 그들은 별 말 없이 천천히 아침 식사를 했다. 리더와 내가 준비한 스튜를 먹고 난 다음에는 각자 홀로 앉아 자신이 느꼈던 것들을 일기에 적어 나갔다. 그리고는 수면을 취했다. 오후 늦게 우리는 모닥불에 둘러앉아 각자 혼자 보낸 시간 동안 경험한 것들을 공유하기 시작했다. 홍일점인 내 친구 모린이 먼저 입을 열었다.

그녀는 어제 저녁 땅거미가 질 무렵에 경험한 것에 대해 이야기하기 시작했다. 눈에 보였던 것은 아니라고 강조한 다음, 세계 곳곳의 여인들이 자신을 둘러싸고 있는 것 같은 느낌을 받았다고 말했다. 마치 사막이 그들로 가득 채워진 듯한 느낌 말이다.

그녀의 경험은 매우 강렬했던 것 같았다. 모린이 이야기하는 동안 나는 고개를 숙인 채 그녀와 같은 밤, 같은 시간에 너무나 비슷한 경험을 했다는 데에 감동하지 않을 수 없었다. 베이스 캠프의 관리자로서, 원래대로라면 내 차례는 없어야 했지만, 모린의 이야기가 끝난 다음 리더는 내 경험에 대해서도 이야기해 줄 것을 요청했다.

그래서 나는 그들에게 내가 본 것에 대해 이야기해 주었다. 사실 무언가 엄청난 의미가 있거나 뚜렷한 결과가 있는 것은 아니었다. 우리는 그저 세계 곳곳에서 온 여인들의 존재를 보고 느끼는 경험을 했을 뿐이었다. 우리가 보고 느낀 내용보다 더 강렬하게 다가왔던 것은 우리 둘이, 동시에, 다른 곳에서, 같은 경험을 했다는 사실이었다. 사막에서 돌아오는 중에, 나는 잘 알려져 있지 않은 의식의 영역에 대해 더욱 큰 경외심을 갖게 되었다. 아직 우리가 알지 못하는 인간 의식의 새로운 영역들이 존재한다는 사실 말이다.

2주 후, 사막에서의 시간을 뒤로 하고 나는 딸 베스와 함께 자동차 여행에 나섰다. 우리의 계획은 코네티컷에서 캘리포니아까지 그저 도로를 따라 가는 것이었다. 하지만 중간에 중서부 지역을 지날 때, 전에 모린에게 그녀가 후원하는 여성 묵상회를 이끄는 것을 도와주리라 약속한 바 있었기 때문에, 모린에게 들려야 했다. 우리는 이렇게 빨리 다시 만나게 된 것을 함께 기뻐했다. 다음날 시작할 묵상회에 대해 잠깐 이야기를 나눈 후, 나는 일찍 잠자리에 들었다.

그런데 새벽 3시쯤, 나는 갑자기 잠에서 깨어났다. 사막에서 보았던 그 여인들이 다시 나타난 것이다. 이번에는 눈에 보이지 않았다. 그러나 그녀들은 확실히 이 곳에 있었다. 그녀들의 존재감이 강렬하게 느껴졌다. 나는 얼른 일어나 불을 켜고 일기장에 손을 뻗었다. 그리고 지난번에 미처 하지 못했던 질문을 던졌다.

"이렇게 당신들의 존재를 저에게 드러내는 이유가 무엇인가요?"

나는 내가 받은 감동을 일기장에 적어 나가기 시작했다. 펜을 지면에서 뗄 사이도 없이 급히 적어 내려가다가, 갑자기 감동이 멈추었다. 나는 불을 끄고 다시 잠이 들었다.

다음날 아침 식당으로 내려갔을 때 모린이 나를 기다리고 있었다. 내가 일찍 일어나는 사람이라서 다행이라고 말하는 그녀의 모습은, 이야기하고 싶은 것이 있어 마음이 급한 것처럼 보였다.

"사실은 나도 그래."

내가 말했다.

"먼저 말해주겠어?"

그녀가 이야기를 시작했다.

"밤중에 자다가 갑자기 잠에서 깼어. 그 여인들이 나타났을 때와 같은 느낌이 들더군. 그래서 일어나 밖으로 나가봤더니 안개 속에 무슨 그림자 같은 게 보이더라고."

나는 고개를 끄덕이면서 내가 겪은 것에 대해 이야기해 주고 나서 일기장에 적은 내용들을 읽어주었다. 다음은 내가 기록한 내용의 일부이다.

우리는 이 땅 위에서 살아온 여성 세대들의 목소리이다. 수백, 수천 년 동안 우리는 열정적으로 사랑을 하고, 자녀를 출산하고 양육하며, 가족을 위하여 요리하고, 우리의 집을 지켜왔다.

여성의 자궁은 진실이 인간에게 자리하도록 만드는 그릇이다…….

우리는 또한 여성 세대들이 자신의 고귀함을 잊어 가는 것을 지켜보았다…….

여성들이 자신으로부터, 자기 내면의 고결함으로부터 멀어지는 것을 보았다.

당신은 세상에 무엇을 줄 수 있는가? 당신은 인간 정신의 일부이다. 보이지 않는 곳을 향하여, 이 문을 지나 앞으로 나아갈 의지가 있는가?

우리는 여성의 힘이 쇠약해지는 것을 보았다…….

그러나 우리는 언제나 하나의 불꽃을 태우고 있다.

내면의 불빛이 어두워질 때에도 이 불꽃은 결코 꺼지지 않는다.

우리는 기다리고, 기도하고, 인내하는 길고 오랜 세대의 힘이다…….

오늘날의 여성들에게 우리는 말하고 싶다. 그대 자신이 누구인지 마음의 눈을 열고 직시하라. 이성의 능력으로는 충분히 깨닫기 어렵지만, 당신은 그것을 찾을 수 있는 길을 이미 알고 있다. 가만히 자기 내면의 목소리를 들으라. 시간을 내어, 존중하면서, 귀를 기울여라. 주변의 여성들에게 함께 걸어가자고 말하라. 스스로를 자각하는 일에 집중하라고, 보다 진실된 사랑을 위해 이 세대를 준비하라고, 바로 지금이 그때라고 말이다.

그 후 몇 달 동안, 나는 그때 기록한 내용들에 대해 여러 번 생각해 보았지만, 그 여인들의 메시지에 대해 어떻게 이해해야 할지 확신이 서지 않았다. 그러나 나는 인종, 종교, 정치적 견해를 초월하는 전세계 여성들의 어떤 모임을 조직해야 할 필요성이 점점 더 커지고 있음을, 가까운 친구들에게 계속해서 이야기했다. 일단 여성들의 마음을 하나로 모으자. 하나의 영혼, 하나의 마음, 자기 내면의 힘에 반응하여 세계를 바꾸고 이 땅을 치유할 수 있는 여성들을 말이다.

하지만 그런 모임을 가능하게 하기 위해서는, 우리 자신의 생각을 바꾸고 우리 자신의 꿈을 더 과감하게 추구해야 한다는 것을 알게 되었다. 나는 아무 행동도 하지 않고 그저 말만 했을 따름이다. 그렇게 시간이 흘러가고 그때의 그 꿈은 여전히 죽지 않고 살아 있다. 그렇지만 비전과 상상력의 한계로 인해 내 마음 속에는 예측 가능한 여러 방해물들이 생긴 것이 사실이다. 나는 그런 큰 행사를 기획하는 일에 대해 아는 것이 전혀 없고, 필요한 자금을 감당할 능력도 없다. 더 세부적으로 따지기 시작하면 아마 정신을 차리기도 어려우리라.

하지만 그럴 때마다 또 다른 목소리가 내게 묻는다.

"당신은 세상에 무엇을 줄 수 있는가? 당신은 인간 정신의 일부이다. 보이지 않는 곳을 향하여, 이 문을 지나 앞으로 나아갈 의지가 있는가? 내면 깊은 곳에 있는 영혼에 대답하고, 다른 이들 역시 그렇게 하도록 격려할 수 있는가? 누가 우리에게 용기와 힘을 줄 수 있을까? 바로 우리 스스로가 변화를 가져올 수 있는 신비 그 자체가 아니라면 말이다."

4. 삶에 비전 불어넣기

30대 여성인 에린은 아름답고 활기 넘치며 주변 사람들까지 즐겁게 하는 열정을 갖고 있다. 나는 캘리포니아에서 2년을 거주하는 동안 그녀를 만났고, 처음 본 순간부터 그녀에게 매료되었다. 그녀의 삶은 멋진 남편, 공감적인 자녀 양육, 글쓰기와 창작 활동, 양봉과 양계 그리고 더 나아질 수 있는 생활을 위한 목소리로 가득했다. 우리는 동네 카페에서 소파에 앉아 허브티를 마시고 상상의 바다를 헤엄치며 즐거운 시간을 보내곤 했다.

그런데 2005년 2월의 어느 아침이었다. 우리는 태평양을 향해 돌출되어 있는 캘리포니아 북부의 어느 커다란 바위 위에서 서로 몸을 기대고 앉아 있었다. 강한 바람이 큰 파도를 바위 쪽으로 가차없이 몰아부쳤고, 차가운 물보라가 마치 하얀 레이스 장식이 내려오는 것처럼 내리치고 있었다. 나는 갈매기들이 추운 날씨에도 아무 두려움 없이 잿빛 파도 위로 대담하게 날아다니는 것을 지켜보며, 문득

저 갈매기들처럼 자유롭고 싶다는 생각이 들었다.

> 다른 여성들에게 지금 우리가 아는 것들을 가르쳐 주자. 힘은 폭풍 속에 있는 것이 아니라 우리 안에 있다는 것을. 우리가 생각을 바꾸기만 한다면 세상을 변화시킬 수 있다는 것을. 사랑의 힘과 우리의 진정한 모습에 대해 알아야 할 것이 무한히 많다는 사실을.

우리는 여성으로 살면서 느꼈던 어려움과 또 즐거움에 대하여 대화를 나누고 있었다. 뼈를 파고드는 듯한 추위에 맞서 서로를 끌어안고 서서, 내가 꿈꾸는 여성들의 위대한 모임과 언젠가는 그 꿈을 이루고야 말 거라고 이야기하는 동안, 그녀는 계속해서 나를 쳐다보고 있었다. 우리는 온기를 유지하기 위해 꼭 붙어 있었다. 그녀가 내 눈을 똑바로 쳐다보면서 말했다.

"그 모임의 이름은 우먼스피크(Womenspeak)로 하는 게 좋겠어."

"좋아."

마치 대본을 읽으며 함께 연습이라도 한 것마냥 내가 대답했다.

"2007년!"

내가 덧붙였다.

"2007년 3월!"

잠깐의 멈춤 후, 다시 입을 열었다.

"산 안토니오."

에린이 고개를 끄덕였다.

"산 안토니오!"

그 순간을 떠올리면 나는 아직까지도 소름이 돋곤 한다. 입 밖에 낸 말이 그렇게 쉽게 현실이 되어버리다니! 우리는 그저 쉬지 않고 조금씩 앞으로 전진했을 따름이다. 5개월 후, 우리는 20대에서 80대 사이의 여성 8명을 초청하여 산 안토니오에서 모였다. 2007년 3월에는 산 안토니오 컨벤션 센터의 연회장과 워크샵 장소를 대여했다. 우리에게는 동전 한푼 없었지만, 어쨌든 계약서에 서명했다. 우리는 비전을 보았고, 본능적으로 우리가 해야 할 일이, 용기를 내어 그 비전을 향해 발걸음을 옮겨, 사랑과 가능성의 산파가 되는 것임을 알았다.

지금부터 시작할 이야기들은 그러한 방식으로 삶을 사는 데 대한 것들이다. 우먼스피크를 통해 내가 꿈꾸었던 것은, 그 모임을 통해 참가자들이 자신의 꿈을 발견하고 자기 영혼의 질문에 대답할 수 있도록 도와주는 것이었다. 분명히, 그 모임의 기획에 참여했던 이들 모두에게, 어떻게 살아야 하는가에 대한 비전이 더욱 풍부해졌다. 이는 어찌 보면 당연한 일이다. 우리는 이 비전에 수많은 여성들이 이런저런 모습으로 참여하는 과정을 놀라움에 가득 찬 눈으로 지켜보았다.

수백명의 여성들이 자신의 능력과, 시간과, 재능과, 지혜와, 예술성을 기꺼이 제공하였다. 컨벤션 센터의 연회장을 채울 꽃을 기부하고, 직접 작사하고 작곡한 노래들을 전달해 주었으며, 웹사이트도 제작해 주었다. 필요한 비용의 충당과 물품 구매를 위한 자금, 그리고 넉넉하지 못한 여성들의 참가를 돕기 위한 비용이 여러 곳에서 물밀듯이 우리의 은행 계좌에 송금되었다. 그들은 책꽂이, 카드, 악세사리 등등을 제작 판매하여 그 수익을 우먼스피크에 기부하고, 무보수로 강연해 주겠노라 자원하며 계속해서 우리를 찾아왔다.

2006년 가을까지 컨벤션에 납부해야 했던 보증금은 허리케인 카트리나로 피해를 입은 여성들의 모임에서 전부 지불해 주었다. 그들은 불과 얼마 전에 큰 재산을 잃은 사람들이었다. 두려움이 가득한 마음으로 친척들과 이웃들에게 도움을 요청하는 데에 탈진한 이들이었다. 그러나 그녀들은 또한 눈물이 가득한 눈으로 자신들이 받은 기부금의 일부를 우리에게 전달하며 이렇게 말했다.

"여기, 받으세요. 다른 여성들에게 우리가 아는 것들을 가르쳐 줍시다. 힘은 폭풍 가운데 있는 것이 아니라 우리 자신 안에 있다는 것을, 우리가 다르게 생각할 수만 있다면 이 세상을 바꿀 수 있다는 것을, 사랑의 힘과 함께 우리가 진정 누구인지에 대해 알아가야 할 것이 무한히 많다는 걸 말이에요."

그들을 보면서 눈 앞이 흐릿해졌지만 그 다음에는 다시 다른 모습이 보였다. 가슴까지 차오르는 물에서 간신히 건져낸 옷 하나만 입고 있었지만, 그들의 또 다른 모습을 볼 수 있었다. 그들은 내가 수년 전 걸었던 그 사막길을, 긴 치마의 주름 사이사이로 흙먼지를 부드럽게 쓸어내며 걷고 있었다. 그들은 루이지애나와 미시시피에서 온 여성들이었고, 그보다 더 먼 어느 곳에선가 찾아온 여성들이었다. 그들은 세상에 머무는 영혼이었고, 생명을 빚어 출산할 능력이 있는 존재들이었다. 그들은 두려움 없이 거친 파도와 싸우며 하강비행을 감행하는 갈매기들이었다. 언젠가 우리도 그들과 같이 될 수 있을 것이 틀림없다.

5. 마음 조율하기

내면에서 어떤 목소리가 들린다.

"당신의 마음을, 진정으로 바라는 것에 맞춰 조율하세요. 눈에 보이는 것 너머를 바라보세요."

언젠가 내 딸 베스가 '마야 안젤루의 격언 모음집'을 선물해 준 적이 있었다. 격언들 가운데 하나는 내가 매일 볼 수 있는 책상 위에 놓여 있다.

"희망과 두려움은 동시에 같은 공간을 차지하고 있을 수 없다. 둘 중 하나만을 받아들여야 한다."

나는 결단을 내렸다. 희망을 받아들이기로 결정했다.

하지만 나는 새로운 도전을 감수할 의지가 저절로 생기지는 않는다는 것을 배웠다. 새로운 모험은 수확이다. 하지만 수확 전에 — 컨벤션 센터를 대여하고 비전을 실체화하기 전에 — 그리고 그런 용기를 내기 전에 오는 것이 있다. 대담한 시도 이전에는 오랫동안 밭을 갈고, 심고, 흠뻑 적시는 비를 기다리는 시간이 있다.

지금부터 할 이야기는 흠뻑 적시는 비에 대한 이야기이다. 나를 두려움이 아닌 희망으로 끌어당기기 시작한 처음 그 순간, 그것은 미래로의 과감한 발걸음을 가능하게 한 원동력이었다. 내가 경계를 넘어, 살며 사랑하기 위한 도전을 처음으로 시도하게 한 무슨 일인가 일어난 시간, 그 찰나의 순간 말이다. 가끔 단기적으로 집중할 때도 있었지만, 대체로 나는 다른 것에 정신이 팔려 있었고, 때때로 그것을 저버릴 때도 있었다. 하지만 사랑에 대한 비전만은 포기한 적이 없었고, 지금도 그렇다.

> 단기간에 치유의 능력을 발휘하는 이 사랑은 우리의 뒤얽힌 상황들 사이에서 특정한 목적을 가지고 움직이는 것이 확실했다. 복잡한 감정의 역동 속에서 변화를 이겨 내고 새로운 방식으로 살아 갈 의지가 있는지, 사랑의 온전한 능력을 우리 안에서 깨워 상상력뿐 아니라 정신의 아주 깊은 데까지 닿을 수 있도록 싸워 나갈 의지가 있는지, 나는 분명히 결정해야만 했다.

그 비는 내 인생의 험난했던 시기를 견뎌 내던 중에 시작되었다. 나는 이제 막 재혼의 고통스러운 과정을 끝내면서 쓰라린 고통을 겪고 있었고, 고등 학교 3학년이었던 베스는 자기 인생의 방향을 결정해야 할 시기를 앞두고 있었다. 우리는 임시로 작은 집 2층에 거주하면서 차 한 대를 같이 쓰고 있었고, 그래서 나는 거의 항상 심리 치료를 실습하는 작은 사무실까지 3.2km 가량을 걸어가야 했다.

늦은 가을의 그 길은 색채의 잔치와도 같았다. 그러나 뉴 잉글랜드식 겨울의 축축한 한기가 찾아오자, 매 걸음을 용기 내어 내디뎌야만 했다. 3개월의 겨울 동안 17번의 눈 폭풍이 몰아쳐 왔다. 보도를 따라 걷다 보면 여기저기 검은 색의 얼음이 뒤덮여 있었다. 피곤에 찌든 내 몸을 위험한 거리로 내몰 때마다 그 풍경이 나의 내면을 보여주는 거울과 같다는 음울한 생각이 들었다.

그 겨울은 또한 아버지가 수 차례의 뇌졸중으로 인해 인생의 마지막 시기를 보내고 있던 때였다. 아버지와 나의 관계는 항상 많은 문제를 가지고 있었고, 아버지가 쇠약해져 갈수록 나는 문제를 해결할 수 있는 마지막 기회가 지나가고 있다는 것을 깨달았다.

그러던 중 모리 슈워츠라는 사람이 내 인생에 등장했다. 나는 그가 근위축성 측색 경화증(amyotrophic lateral sclerosis, ALS)으로 인해 꿈을 박탈당하고 인생의 마지막으로 내몰리고 있던 때에 그를 만났다. 죽음의 절박함에 휩싸여 있던 그는 우리의 삶에서 가장 획기적으로 다가올 어떤 시간에 대한 요청으로 나를 놀라게 했다. 나는 승낙만 하면

되었다.

같은 기간 동안 나는 일요일 오후마다 근처의 여성 교도소에서 상담사로 자원 봉사를 하기로 했다. 나는 그 일에 큰 의미가 있을 것이라는 기대는 하지 않았다. 하지만 수감자 중 하나인 줄리아를 주기적으로 만나면서 그녀로부터 점점 더 깊은 영향을 받고 있었다. 감옥에서, 모리 교수와, 아버지와 함께 보낸 시간과 파혼의 험난한 후폭풍을 견디는 동안, 나는 점점 '어떤 의지를 가진 치유와 사랑의 힘'이 우리 모두의 삶에 실현되기 위해 애쓰는 것이 느껴지기 시작했다.

우리를 새로운 의미와 시각으로 인도하기 위해 무언가가 간절히 자신을 알리기 위해 분투하고 있었다. 단기간에 치유의 능력을 발휘하는 이 사랑은 우리의 뒤얽힌 상황들 사이에서 특정한 목적을 가지고 움직이는 것이 확실했다. 복잡한 감정의 역동 속에서 변화를 이겨 내고 새로운 방식으로 살아 갈 의지가 있는지, 사랑의 온전한 능력을 우리 안에서 깨워 상상력뿐 아니라 정신의 아주 깊은 데까지 닿을 수 있도록 싸워 나갈 의지가 있는지, 나는 분명히 결정해야만 했다.

6. 내면의 힘에 귀 기울이기

가장 극적이고 큰 영향을 불러오는 결정들은 대개 조용한 순간에 시작된다. 1993년 4월의 어느 토요일 아침이었다. 나는 두꺼운 녹색 이불을 온 몸에 꽁꽁 싸맨 채로 침대에 누워 있었다. 숨을 쉬려고 조금 열어 둔 이불 틈새로 보일 듯 말 듯한 방은 완벽한 정적 상태에 있었다. 사람이 아침마다 일어나 하루의 일들을 준비하도록 하는 무언가가 있는 법이다. 하지만 그 생명력의 마법이 유독 그 날 아침에는 내게 없었다. 아주 단순한 생각이 들었다. 나에게 필수적인 어떤 부분을 놓치고 있었다. 내가 이 삶을 변화시키지 못한다면, 나는 나 자신을 완전히 잃어버릴지도 모를 일이었다.

어떤 의미에서 나는 이미 늦었다는 것을 알고 있었다. 해변에서 너무 멀리 떨어진 곳을 헤엄치고 있었달까. 내가 침대 옆 창문으로 보이는 조그마한 하늘에 집중하려고 애쓰는 동안, 한 줄기 햇빛이 유리창을 통해 들어와 아무 말

없이 침대 기둥머리의 리본 장식을 비추고 있었다. 나는 어쩌다 이런 곳에 빠져버린 걸까?

내 영혼이 비판에 맞서길 　부하고 타협할 때마다 나는 자신을 짓누르는 무게를 스스로 더 무겁게 만들고 있었다.

스스로를 알아볼 수조차 없이 변해 누워 있는 한 여자가 보인다. 1975년에 나는 어떤 음주 운전자 때문에 남편과 딸 사라를 잃었고, …… 1987년 재혼했다. 재혼의 결정은 희망 가운데 내려졌지만 그 현실적인 과정은 결코 쉬운 일이 아니었다. 고려해야 할 요소들이 너무 많다고 느껴졌다. 마음 속의 몇 가지 의문들로 인해 결혼식을 연기한 적도 있었다. 결정을 너무 급하게 내린 게 아닌가 하는 불안감이 있었기 때문이었다.

약혼자가 내 친구들과 함께 있을 때 불편함이 느껴진다고 했던 말이 마음에 걸렸다. 혹시 그것이 우리가 본질적으로 서로 맞지 않는다는 암시가 아닐까 걱정스러웠다. 하지만 그런 걱정이 불합리적이며 그저 재혼에 대한 두려움의 산물일 뿐이라고 나는 스스로를 설득했다. 나중에 알게 된 사실이지만 나의 경계심에는 그럴 만한 실체가 있었고, 그 실체에 대한 무시는 이후 우리 관계에서 불협화음의 전

조가 되었다.

우리가 결혼하자마자 기다렸다는 듯이 새 배우자는 내 생활에서 가장 기본적인 요소들인 인간 관계와 관심사, 취향, 외모와 같은 것들을 자기 식으로 판단하기 시작했다. 내 자존감은 가닥가닥 무너져 내렸고 계속되는 비판을 아무런 저항 없이 감수해야 할 수밖에 없는 지경에까지 이르게 되었다. 그리고 내 영혼이 비판에 맞서길 거부하고 타협할 때마다 나는 자신을 짓누르는 무게를 스스로 더 무겁게 만들고 있었다.

그 당시의 나는 언어적, 감정적, 심리적 학대 속에 살고 있다는 현실을 알아차리지 못하고 있었다. 내가 가진 유일한 경험은 멈추지 않는 두려움이었다. 나에게 일어나고 있는 일들이 너무나 혐오스러웠지만, 나는 무력하게 마비되어 아무 것도 변화시키지 못한 채 그저 끌려다니고 있을 뿐이었다. 결국 내 자매 중 하나가 나를 만나러 와서, 정신을 차리고 무슨 일이 일어나고 있는지 똑바로 보라고 충고했다. 내 상황을 숨기려는 노력에도 불구하고 그녀는 분명히 무언가가 잘못되었다는 사실을 눈치채었던 모양이다. 나는 그녀가 옳다는 것을 알았지만 두려움으로 인해 아무런 행동도 취하지 못하고 있었다. 나는 두려움의 손아귀에 목이 꽉 붙잡혀 있는 기분이 들었다.

이불 밑에서 미동도 하지 않은 채 나는, 무언가 또는 누군가, 사방에서 나를 짓누르는 무게에 내가 맞서기를 원한다는 것을 느끼고 있었다. 하지만 그런 생각이 어디로부터 온 것인지는 알 수 없었다. 그 생각은 그저 거기 있을 뿐이었다.

햇빛은 이제 침대용 전등갓 위에서 노란 색과 빨간 색의 줄무늬들과 뒤섞이며 부서지고 있었다. 그 색깔들을 지켜보다가 오랫 동안 잊고 있던 이야기가 생각났다. 클라리사 핑콜라 에스테의 "늑대와 함께 달리는 여인들"(Women Who Run with the Wolves)에 나오는 한 동화였다. 그 이야기는 내 정신을 포위하고 있던 짙은 안개의 마대를 어떻게든 고나오려고 신발끈을 졸라맨 채 기다리고 있었다. 그 이야기의 제목을 떠올리기 위해 나는 기억을 더듬었다. "물개 가죽/영혼 가죽(Sealskin/Soulskin)이었던가?"

그것이었다. 침대에 누운 채 나는 나 자신에게 그 이야기를 들려주었다. 먼 옛날 물개 가죽을 입고 살아가는 어떤 여인이 있었다. 그녀는 바다에서 바다의 풍성함을 누리며 살아가고 있었다. 어느날 밤, 바다 가운데 큰 바위 위에서 다른 물개/여인과 춤추기 위해 그녀는 자신의 가죽을 벗어 바위 틈 사이에 두었다. 그런데 바다로 돌아갈 시간이 되었을 때, 그녀의 가죽은 그 곳에 없었다. 가죽을 도둑

맞은 것이다. 그녀는 찾고 또 찾아 헤맸지만, 그 어디에도 자신의 가죽은 없었다. 수 년 동안 그녀는 땅에서 살며 한때 바다에서 누렸던 풍성함에, 그리고 바다에서 위대한 영혼들과 함께 살았던 기억에 흐느끼면서 울곤 했다.

그렇게 살아 가던 어느날 밤, 바다에서 누군가 계속해서 자신을 부르는 소리를 듣고 마침내 그녀 안에서 무언가가 깨어났다. 진정한 자신의 목소리에 깨어난 그녀는 지금까지 자신을 가두고 있던 집을 떠날 준비를 했다. 그녀는 무아지경에 빠진 것마냥 그 소리를 좇아 밖으로 나갔고, 바다로 이어지는 절벽 끝에서 그녀가 잃어버렸던 "가죽"을 보았다. 그녀는 기쁨에 가득 차 잃어버렸던 가죽을 입고 포효하는 바다를 향해 나아갔다. 바다 깊은 곳을 헤엄치면서 그녀의 생명력이 다시 돌아왔고, 잃었던 시력도 회복되었다. 그녀는 더이상 자기 자신으로부터 떨어져 있지 않을 것이다. 그녀는 그녀의 가죽을 되찾은 것이다.

그 이야기를 기억해 내고 조금 대담해진 나는 침대에서 일어나 전날 내가 대충 벗어놓았던 청바지를 다시 입었다. 내 경험에 제목을 붙이자 무언가가 살아나기 시작했다. 내면의 무언가가 그 이야기에 담긴 지혜의 중요성을 깨닫게 했고, 나는 무엇을 해야 할지 알 것 같았다. 너무 오랜 시간 동안 내면 깊은 곳에서 요구하는 진실에 귀를 닫고 있었다.

나는 한 시간 정도 떨어진 곳에 살던 엄마에게 전화를 걸었다. 아버지는 방광암과 수 차례의 뇌졸중으로 인한 수술 후유증으로 급격하게 늙어버렸고, 엄마는 그런 아버지를 간호하는 데 전념하고 있었다. 그녀에게는 잠시의 시간을 낼 틈도 없었지만, 의료 보조원이 그녀와 잠시 교대를 해 준다면 가능할 수도 있었다. 나는 어머니에게 차고 앞에서 만나 함께 점심을 먹으러 가자고 했다. 아직 안으로 들어가 아버지에 대한 상반된 감정들과 씨름하고 싶지는 않았다. 최소한 오늘만큼은.

엄마는 차고 문에 기대어 서서 나를 기다리고 있었다. 세월이 그녀를 점점 작게 만들어서 그녀는 목을 살짝 구부린 채 서 있었다. 아버지를 간호하는 데 지쳐서 엄마는 근래 외모에 대한 관심을 잊은 채 살고 있었다. 잿빛 곱슬머리는, 바람으로부터 귀를 보호하기 위해 턱 밑으로 묶은 스카프 아래 단단히 고정되어 있었고, 상체는 크림색 반코트에 덮여 가려져 있었다. 남색 스웨터의 한 소매가 늘어져 반코트의 오른쪽 소매보다 튀어나와 있는 것이 보였다. 엄마는 계절과 상관없이 언제나 신었던 스타킹과 함께 관절염의 통증을 완화해줄 갈색 신발을 신고 있었다.

엄마는 내 차를 보고는 웃음으로 손을 흔들면서 내 쪽으로 걸어오기 시작했다. 한 시간 후면 집으로 돌아가서 다시 아버지를 돌보는 현실의 무게를 감당해야 할 것이라는 사실을 그녀는 알고 있었다. 엄마의 어깨 위에는 항상 가족들을 위한 부담감이 자리잡고 있었다. 자신의 필요를 무시하며 계속되어 온 50년의 결혼 생활을 지키기 위한 노력의 무게가 주는 부담감이었다. 그러므로 최소한 지금 이 순간만큼은 엄마가 평소의 일상에서 한숨 돌릴 수 있는 시간이라고 할 수 있을 것이다.

근처 조그마한 샌드위치 가게에 들어가 주문을 끝내자마자 나는 의자 깊숙이 몸을 기댄 채 파혼할 거라고 엄마에게 말했다. 이것이, 두 시간 전 내가 침대에서 빠져나오며 마주하기로 한 내면의 목소리였다. 만 3년간 지독히 고민하면서 나 자신과 씨름한 끝에, 나는 마침내 이혼할 수밖에 없다는 사실을 인정하게 되었다. 원래의 나였다면 다른 어떤 여성에게도 이렇게 해야 한다고 이미 조언했겠지만, 타인의 분노에 영향 받으면서 사는 동안 무척이나 약해져 있었던 모양이다. 이제 내 안의 모든 목소리들이 딸 베스와 함께 다른 곳으로 떠나기를 요구하고 있었다.

이 결정은 나를 살 길로 인도하려는 내 존재의 깊은 샘으로부터 나온 것이었다. 나는 내면의 목소리를 더이상 무시할 수 없었다. 너무 오랫동안 그 목소리를 무시해 온 탓에 나는 천천히 죽어가고 있었던 것이다. 그 물개/여인처럼, 나는 내 가죽을 잃어버리고 말았다. 나는 진정한 나의 모습을 솔직히 인정하지 못하고 있었다.

> 이 결정은 나를 살 길로 인도하려는 내 존재의 깊은 샘으로부터 나온 것이었다. 나는 내면의 목소리를 더이상 무시할 수 없었다. 너무 오랫동안 그 목소리를 무시해 온 탓에 나는 천천히 죽어가고 있었던 것이다.

엄마에게, 두렵다는 것과 앞으로 나아갈 용기를 어떻게 찾아야 할지 모르겠다고 솔직하게 털어놓았다. 나는 언제나 타인에게 의지가 되어 주는 역할을 해 왔던 것 같다. 20대에 첫 남편과 딸의 죽음을 감당하고 있을 때조차도 나는 슬픔에 빠진 다른 사람들을 도와주려고 노력했다. 하나 남은 딸을 10년간 홀로 키우면서 어떻게 내 삶을 다시 일으켜세울 수 있을지 고민해 왔다. 내가 재혼했을 때 베스는 11살이었다. 이제야 마음앓이가 끝나고 새로운 시작을 위한 빛이 비치는 듯했다. 그러나 내가 꾸던 꿈과 현실은 너무도 달랐다. 나는 우리 둘 모두에게 맞지 않는 결정을 내렸고, 그 과정에서 스스로를 속여 왔다. 간절한 소원도 노력도 아무런 소용이 없었다.

엄마는 머뭇거리며 조심스럽게 이것저것 질문을 던졌다. 지난 5년간 나는 내 상황에 대해 아무에게도 이야기하지 않으려고 애써 왔었다. 엄마는 본능적으로 내가 행복하지 않다는 것을 알고 있었다. 하지만 내가 실제로 어떤 상황에 놓여 있었는지는 알지 못했다. 나 스스로 현 상황에 직면할 수 있을 때까지는 다른 이들에게 아무 것도 말할 수 없었기 때문이다. 내가 나의 현실에 대해 털어놓자, 엄마는 내 손을 꼭 잡고 조용히 말했다.

"이해한다."

그리고 나서 엄마는 내면 깊숙히 간직하고 있던 이야기들을 꺼내기 시작했다. 여태까지 나는 엄마와 이런 대화를 해 본 적이 없었다. 엄마의 말은 강력하고도 분명한 의미로 나에게 다가왔다. 그녀는 내가 필요한 모든 힘이 내 안에 있다고 말했다. 그때는 미처 몰랐지만, 그 순간 엄마는 시대를 넘어 여성들에게 전해져 내려오는 지혜를 나에게 전해 주었다. 그녀는 내가 존재의 내면으로부터 인도를 받을 수 있도록 나를 이끌어주었다.

그녀가 나를 지긋이 바라보았다.

"너는 항상 강했지. 그래서 오히려 자신의 상처를 제대로 볼 수 없었던 거야."

혼잣말을 하듯이 엄마는 잠시 생각에 잠겼다가 말을 이

었다.

"하지만 네가 나처럼 쉽게 상처받는 것이 사실이라면, 거꾸로 나에게도 역시 너와 같은 강함이 있을지도 모르겠구나."

그녀의 말이 내면 깊숙한 곳 어딘가에 닿은 듯한 느낌이 들었다. 그녀는 원래 하던 얘기로 돌아와서 다시 말했다.

"잘 들으렴. 넌, 할 수 있고, 또 해야만 해."

엄마는 내가 보다 지혜로운 사람과 대화할 수 있으면 좋겠다고 말했다. 엄마는, 내가 수 년간 알고 지내며 뉴욕에 있는 그의 센터에서 일한 적도 있는 노먼 빈센트 필 목사님이 지금 여기 있다면, 어떤 조언을 했을지 생각해 보라고 했다. 나는 조용히 미소지었다. 어쩌면 다른 사람이 더 지혜로운 말을 해 줄 수도 있을 거라는 생각은 엄마다웠다.

하지만 필 목사님의 조언도 그녀와 별반 다르지는 않았을 것이다. 아마도 엄마처럼 내면의 힘을 찾으라는 말씀을 하셨을 것 같다고 하자 그녀가 말했다.

"그럼 그 분에게서도 같은 조언을 받은 셈이로구나."

내 손을 꼭 쥐며 엄마가 말을 이었다.

"너 자신을 찾고 거기에 맞게 행동하려무나."

엄마는 사람들이 북적이는 식당의 테이블 위에 내 물개 가죽을 올려놓고 나에게 그것을 입으라는 요청을 하고 있었다. 그녀는 나에게 도움을 베풀기 위해 그녀가 가진 모든 것과 또 그녀가 할 수 있는 모든 것을 다 했고 그로 인하여 그 순간 환하게 빛나고 있었다. 엄마 자신은 나에게 아무 것도 해 줄 수 있는 것이 없다고 느꼈을지도 모르지만, 사실은 내가 반드시 깨달아야 할 것들을 정확히 나에게 제시해 주고 있었다. 나는 나의 집에서 너무 멀리 떨어져 있었다. 얼마나 고상한 이유든지 상관없이, 나는 내 영혼의 목소리를 듣고 있지 않았다.

그 날 나는 엄마를 달리 보았다. 엄마는 내가 해답을 찾기 위해 용기를 낼 수 있을 때까지는 나의 삶에 변화가 없으리라는 것을, 그리고 그러한 깨달음이 가진 권위를 신뢰해야 함을 분명하게 보여주었다.

엄마의 이야기를 듣는 동안, 나는 엄마 또래의 여성들에게서도 흔치 않은 지혜로운 인식을 할 수 있도록 격려받고 있었다. 그녀의 삶은 엄격한 규율과 역할에 갇혀 나와는 다른 모습이었겠지만, 그럼에도 그녀는 찬란한 몸짓으로 손을 뻗어 내 안에서 자유를 생성시켰다. 난 그 날 울면서 집으로 돌아왔다. 엄마는 나에게 두 번이나 생명을 전해 주기 위해 기꺼이 수고와 인내를 감수하신 것이었다.

그 날 나는 엄마를 달리 보았다. 엄마는 내가 해답을 찾기 위해 용기를 낼 수 있을 때까지는 나의 삶에 변화가 없으리라는 것을, 그리고 그러한 깨달음이 가진 권위를 신뢰해야 함을 분명하게 보여주었다. 그 날 밤부터 나는 나의 존재로부터 벗겨내야 하는 '거짓말'들을 나열하기 시작했다. 그것들을 적어 내려갈수록, 내가 듣고 받아들였던 많은 것들이 사실은 진실이 아니라는 생각이 들었다.

거짓말 : 문제는 대참사와 같다. 난관이 발생했다면 "무언가가 잘못된 것이다."

내적 지식 : 문제는 소환장과 같다. 문제란 내 삶을 뒤돌아보며 표면 아래를 살펴보라는 부름이다. 문제는 특유의 방법으로 변화가 필요한 부분을 나타낸다. 문제란 치유가 시작될 수 있도록 해 주는 장애물이다.

거짓말 : 비통함은 우연히 일어난다. '본질적으로' 비통하고 원통한 사람이 있다.

내적 지식 : 비통함은 선택이다. 우리가 무엇에 집중하느냐에 따라 우리의 삶이 형성된다. 내가 행복한지 그렇지 못한지는 나에게 달려 있다.

거짓말 : 나는 확신하고 나 자신을 통제할 수 있다.

내적 지식 : 나는 확실성과 통제의 환상만을 이룰 수 있

을 뿐이다. 그것들은 진짜가 아니다. 우리는 신비와 함께 살아가고 있으며, 이는 외부의 현실이 아닌 내적으로 깊은 진실을 신뢰하고 그것에 충실할 것을 요구한다.

거짓말 : 생산적으로 산다면 삶의 목적이 생길 것이다. 로맨스를 찾는다면 삶의 의미가 생길 것이다.

내적 지식 : 목적과 의미는 하나님으로부터 비롯된다. 그 외에 다른 어디서도 목적과 의미를 찾는 것은 잘못된 추구일 뿐이다.

거짓말 : 나는 반드시 모든 '규율'을 따라야 하고 경계를 넘어서면 안 된다.

내적 지식 : 규율 너머에는 깨달음을 기다리는 새로운 영역이 있다. 세속적인 사랑의 경계 너머야말로 보다 위대하고 진정한 사랑이 시작되는 곳이다.

거짓말 : 삶은 나에게 던져지는 것이며, 내가 할 수 있는 것이라고는 어떻게든 총알을 피해 빨리 지나가는 것뿐이다.

내적 지식 : 나는 내 삶을 나 자신에게로 끌어당겨 재창조할 수 있다. 내 안에는 내 상황보다 강한 무언가가 존재한다.

이러한 진실들을 돌아보는 것은 매우 중요한 시작점이

되었다. 나는 치료를 시작했고 내 삶의 몇 가지 진실들에 대한 미묘한 차이에 집중하기 시작했다. 나는 한순간에 스스로를 배신한 것이 아니라 조금씩 내 안의 지혜를 잃어버렸던 것이었다. 이제 나는 다시 심호흡하는 방법을 배우고 있었다.

그저 일어나 하루를 살아가는 것이 얼마나 영웅적인 행위인지를 그 어느 때보다 명확하게 깨닫고 있었다.

나는 남편과 나를 위해, 애도의 과정을 거치며 결혼 생활을 끝냈고, 베스와 함께 두 가족이 살고 있는 집의 2층으로 이사했다. 완전한 독립을 위해 나는 꽤 많은 가구들을 팔아야 했다. 필수적인 테이블이나 의자도 없었지만, 정원용 가구들은 멀쩡했다. 나는 그런 현실이 지금의 이 과도기에 잘 어울린다는 생각이 들었다. 모든 단계에 많은 노력이 필요했다. 손목이 삐는 것을 감수하면서 2미터 가까이 되는 책장을 직접 조립했지만, 자랑스럽게 세워 놓은 내 작품은 한 시간도 지나지 않아서 속절없이 무너져 내렸다. 박스에서 아직 꺼내지 못한 책들도 많았다. 하지만 땀과 눈물을 훔치며 선반과 책들을 바닥에 쌓아놓은 채 일(job)을 시작해야 했다.

나의 직업은 심리치료사였다. 나는 이 모든 것을 다른

사람들의 삶에 풀타임으로 빠져든 상태로 이 모든 일을 해내고 있었다. 하지만 이는 오히려 나에게 도움이 되는 측면도 있었다. 우리 모두가 어렵고 힘든 인생길을 걷고 있다는 사실을 새삼 깨닫게 되었다. 나는 작은 사무실에 앉아 깊은 연민과 함께 다른 사람들의 잘 이해되지 않는 삶의 이야기에 귀를 기울였다. 그저 일어나 하루를 살아가는 것이 얼마나 영웅적인 행위인지를 그 어느 때보다 명확하게 깨닫고 있었다.

가을이 겨울이 되고, 살을 에이는 듯한 추위가 찾아왔다. 그리고는 눈이 내렸다. 시베리아의 겨울도 이와 별반 다르지 않을 것이라는 생각이 들었다. 햇빛이 몇 주 동안이나 자취를 감췄다. 내 작은 차고에 주차하다가 세 번이나 빙판에서 미끄러졌고, 그 때마다 사이드미러가 망가졌다. 제너럴 모터스 대리점이 내 이름을 기억할 정도가 되자, 나는 자연에 굴복하기로 했다. 자동차를 차고가 아니라 진입로에 주차하고 매일 아침 진입로에 쌓인 눈을 치워야 하는 현실을 받아들이기로 한 것이다.

나는 동시에 내 마음과 정신을 비우려고 필사적으로 노력하고 있었다. 10년 전 나는 우선 순위에 대한 혹독한 교훈을 받은 적이 있다. 나는 일과 휴식, 영혼과 육체 사이에 균형잡힌 삶의 중요성을 믿고 있었고 다른 여성들에게도 이를 강조하곤 했었다. 나는 내면의 목소리에 주의를 기울이는 데 대해 자주 이야기했고, 그런 내용으로 책을 출판까지 했었다. 하지만 마음 속으로는 얼굴을 찡그릴 수밖에 없었다

날 좀 봐. 퍽이나 훌륭한 본보기로군. 내가 알콜 중독자였다면, 알콜 중독이 재발했다고 생각했을 것이다. 왜 이렇게 힘든 것일까? 10년 전에도 치유가 완전히 끝나지 않았음을 느끼면서 눈 덮인 보스턴 거리를 걸어갔었다. 이제 시작일 뿐이다. 내 삶의 테두리를 이제 막 그렸을 뿐인데, 내가 깨닫고 바꿔야 할 중요한 것들이 너무나 많이 남아 있었다. 치유에는 너무나 많은 단계들이 있었다. 오래 된 버릇들은 수그러들 기미를 보이지 않았으며, 한 개인이 속한 문화의 힘이 끈질기게 느껴졌다. 하지만 이 모든 것이 핑계일 뿐이었다. 나는 주로 남들에게 들려 주기만 하던 조언을 스스로 실천하기로 마음먹고 일을 시작했다.

내가 맡은 역할은 나의 본질이 아니며 그저 내 자아가 그 역할을 경험하고 있을 뿐이라는 사실은 이미 이해하고 있었다. 그러나 얼마나 잘 이해하고 있든 좀 더 깊은 수준에서 다시 깨달을 필요가 있었다. 만약 내 자아와 그 깨달음이 조화를 이루고 있었다면, 나는 다른 선택을 했을 것이다. 정신이 번쩍 드는 자각이었다. 하지만 이 자각을 자

기 비난으로 돌리는 대신, 나는 더 위대한 깨달음을 불태우기 위해 활용하기로 했다.

먼저 질문으로 시작했다.

"내 인생의 어떤 활동들이, 그것이 가진 가치보다 더 많은 시간을 차지하고 있는가? 나에게 도움이 되는 관계는 어떤 것들인가? 또 그렇지 못한 관계는? 내가 더 시간을 들여야 하는 영역은 어디인가? 나는 타인을 만족시키려고 얼마나 많은 시간을 소비했는가? 나는 얼마나 자주 나 자신의 목소리를 경청했는가?"

나는 이제 지금까지와는 다르게 살아갈 것인지 아닌지를 선택해야 한다는 것을 알았다. 하지만, 내가 실제로 변화할 수 있을까? 변화하는 데에는 무슨 학위 따위가 필요한 것이 아니다. 세상의 모든 일반적인 개념들은 나에게 딱히 도움이 되지 않았다. 나에게는 자기 내면의 탐험을 가장 우선 순위에 놓기 위한 훈련이 필요했다.

일기장의 새 페이지를 넘겨 적기 시작했다.

"하나님은 이데아(idea)가 아니다."

이 글귀가 내 마음을 거스르도록 내버려두었다.

"하나님은 현실이다. 실재하는 힘이다. 그리고 나는 그 힘으로 인해 존재하지만, 그에 대해 더 깊이 알고자 하는 의지가 필요하다."

하나님을 믿는다는 것만으로는 충분하지 않았다. 나는 하나님의 숨겨진 힘을 이해하는 삶을 살고 싶었다.

마침내 내가 찾던 특이점이 바로 지금 이 때라는 것이 명확해졌다. 자기 생각에 갇혀서 항상 서두르며 조급하게 무언가를 좇고 있다면 나는 영적 감동의 미세한 움직임을 계속해서 놓칠 수밖에 없을 것이다. 그러므로 나에게는 행동과 행동 사이의 간격을 늘릴 필요가 있었다. 나에게는 멈춤과 휴식이 필요했다. 다른 것들에 귀를 기울여야만 했다.

마침내 내가 찾던 특이점이 바로 지금 이 때라는 것이 명확해졌다. 자기 생각에 갇혀서 항상 서두르며 조급하게 무언가를 좇고 있다면 나는 영적 감동의 미세한 움직임을 계속해서 놓칠 수밖에 없을 것이다.

나는 작은 체크리스트를 만들었다:

제목 : 숨어 있는 하나님을 놓치는 확실한 방법들.
부제 : 실수를 저지르며 내면의 목소리를 듣지 않는 방법.

1. 인생을 전속력으로 달리면서 살아라. 예외란 없다.

있는 힘을 다해 달려라.

2. 여기저기 정신이 팔린 채로 지내라. 어수선하고 잡다한 활동을 많이 할수록 좋다.

3. 모든 자극에 일일이 감정 상한 채 대응하라. 절대로 객관적 평가를 하지 말고 일단 감정적으로 받아들이라.

4. 자유롭게 남을 탓하라. 아마도 기운이 날 것이다. 내 책임이 아니라 당신의 책임이다. 다 당신 때문이다.

5. 어떤 것도 그냥 웃어넘기지 마라. 자기 자신에 대한 것은 특히나 더.

6. 과거에 묶인 채로 있어라. 과거를 위대한 것처럼 포장하라. 기억하고, 돌아가기를 바라고, 그저 그리워하면서 살아라. 왜 그러다가 마는가? 계속하라.

7. '그냥'이라는 표현을 사용하라. "나는 바뀔 수가 없어요. 왜냐하면, '그냥'." '그냥' 만큼 책임감을 희석시키는 말도 없다. '그냥'을 더 자주 사용하라. 아마도 '그냥' 먹혀버릴 것이다.

8. 절대로 질문을 하거나 자기 주도적으로 생각하지 마라. 그저 생각 없이 받아들이며 앞에서 끌고 가는 대로 끌려가라.(1번과 3번을 참조하라)

9. 하나님은 보이지 않을 뿐 아니라 아주 멀리 있다고 생각하라. 분명히 이 방 안에는 없다. 이 순간에도. 책을 읽는 중에는 더더욱.

10. 네 삶이 곧 시작되리라는 막연한 믿음을 더 강화하

라. 지금은 아니야, 아직이야. 하지만 언젠가는. 어쩌면 내가 이 책을 다 읽고 나면 시작될지도 몰라.

나는 심리치료사를 통해 이 결혼이 나와 남편 모두에게 좋지 않은 선택이라고 말하던 내면의 목소리를 인정할 수밖에 없었다. 나는 그 목소리에 귀를 기울이지 않았다. 나의 지식과 본능을 뒤로 한 채 내면의 목소리보다는 외부의 목소리에 더 신경을 쓰고 있었다. 나를 바른 길로 인도하려는 진실을 외면하고 전혀 다른 방향을 바라보면서 합리적인 의심이 목소리를 낼 시간을 주지 않았다.

내면으로부터의 인도가 나의 행복에 필수적이라는 사실을 아는 것과 그 인도함을 따르는 것은 별개의 문제이다. 중요한 것은 자기만의 결론을 내리지 말고 심사숙고하며 필요하다면 교정하고 수정하는 것이다. 경청은 그 시작부터, 전혀 다른 길을 선택하는 것을 포함한다는 개념을 가지고 있다. 경청은 반응의 근거를 변화시킴으로써 다른 사람과 관계하는 방식을 바꾼다는 것을 의미한다. 무엇이 나를 움직이는가? 마음? 이성? 감정? 영혼? 나는 어떤 목소리에 가장 집중하는 경향이 있는가?

날이 밝아오기 시작했다. 행복은 타인들을 달래거나 어떤 댓가를 감수하더라도 갈등을 피하려는 행위로는 절대

찾을 수 없는 법이다. 사람과 환경은 가변적이다. 그런데도 나는 조수의 흐름을 막으려 애쓰고 있었던 것이다. 내가 누군지 아는 것이야말로 행복을 불러오는 지름길이다. 시간이 좀 걸리기는 했지만, 나는 내 고향으로 돌아가는 길을 찾았다. 외부의 세상은 여전히 찌그러져 있었지만, 가족을 되찾으면서 찾아온 평화가 그 모든 것을 견딜 수 있게 했다.

나는 그 마음앓이의 시간에 대하여 진지하게 감사해야 함을 깨달았다. 엄청난 대가를 치르고 배운 어려운 과정이었다. 그러나 만약 그 치유과정이 없었다면 나에게는 깊은 사랑이 있는 어떤 관계도 어떤 자유도 불가능했을 것이다. 자신의 진정한 모습을, 또는 진정한 사랑을 외부에서 찾아다니는 동안에는 자유할 수 없다. 나에게 필요한 모든 것을 내가 이미 가지고 있음을 깨달은 뒤에야 나는 자유할 수 있었다. 관계란 나 자신의 가치와 사랑스러움에 '더해지는' 것이지, 그것이 뿌리가 될 수는 없는 일이니까.

나는 이 격동의 시즌이 전남편에게도 동일한 성장을 할 수 있는 계기가 되기를 기도했다. 조화와 기쁨을 누리기 위해 결혼하는 이들이 있는 반면, 각자의 삶에 큰 배움과 성장의 기회를 얻기 위해 결혼하는 이들도 있다. 나는 너무 많은 것을 이해하지 못한 채 결혼생활을 시작했지만,

이제 결혼생활을 마치면서 내적 인도를 따르는 것과 자기 목소리를 내는 것의 중요성을 깨달았다. 또한 누군가를 진정 사랑하기 위해서는 자기만의 '가죽'을 갖고 있어야 함을 배웠다.

> 내면으로부터의 인도가 나의 행복에 필수적이라는 사실을 아는 것과 그 인도함을 따르는 것은 별개의 문제이다.

모두에게 공개된 상태로 결혼생활을 시작했으므로 그 정도의 우아함을 유지한 채 결혼생활을 끝내고 싶었던 것이 사실이다. 하지만 그 과정은 우리가 계획한 대로 진행되지 않았다. 우리의 예상과는 달리 아픔, 상처 그리고 고통을 겪어야 했다. 그럼에도 나는 여전히 그 경험이 선물이라고 생각한다. 가짜 신들에게 구조되었으나 사랑의 실체에 대한 많은 것을 깨닫게 되는 그 과정을 어떻게 설명할 수 있을까? 유명한 심리분석가 에델 퍼슨이 잘 설명해주었듯이 "인생의 가장 값진 경험은 반드시 좋게만 마무리되지는 않는다."

2층 전셋집에서 1년을 보낸 후, 새로운 집주인은 본인들이 2층을 사용해야겠다면서 집을 비워달라고 요청했다. 베스가 대학진학 준비를 거의 다 마쳐가고 있었으므로, 또

한번의 과도기를 겪기에는 좋지 않은 순간이었다. 그런데 한 친구가 그 공백을 메꾸어주려고 나섰는데, 우여곡절 끝에 우리는 마침 케임브리지에 기적적으로 비게 된 그녀의 작은 임대아파트로 이사할 수 있었다. 베스가 곧 작은 기숙사로 옮길 것이었기에, 하나밖에 없는 침실을 베스에게 내어주고 나는 침대 대신 거실 소파에서 잤다.

그리고 좌절이 시작되었다. 난로를 사용할 때마다 연기로 인해 화재경보기가 울렸고, 쌓여 있는 이삿짐 박스를 넘어다니면서 생활을 꾸려나가야 했다. 베스는 생전 처음 집을 떠나 살 준비를 하면서 감정이 불안정해지고 있었다. 찰스 디킨스의 말마따나 '최악의 시대'였다.

때때로 나는 혼잡한 도시의 북적이는 거리에서 주차 공간을 찾아 한밤중에 동네를 3~40분 가량 빙빙 돌아야 했다. 그러다가 그냥 사무실로 돌아가 거기서 잘까 하는 생각이 들 때쯤 주차공간이 생기는 경우도 있었다. 지금까지는 쓸 일이 별로 없었지만 이제는 필요에 따라 배워야 할 기술들도 있었는데 예를 들어 나는 놀랄 만큼의 정확도로 평행 주차 하는 법을 배웠다. 그런 폭풍 속에서도 나는 이 항구에 감사하고 있었다.

자신의 진정한 모습을, 또는 진정한 사랑을 외부에서

찾아다니는 동안에는 자유할 수 없다. 나에게 필요한 모든 것을 내가 이미 가지고 있음을 깨달은 뒤에야 나는 자유할 수 있었다. 관계란 나 자신의 가치와 사랑스러움에 '더해지는' 것이지, 그것이 뿌리가 될 수는 없는 일이니까.

외부에서 고난이 몰아치는 동안에도 치유는 계속되었다. 내 안에서 내적 자각이 밀려오고 있었다. 질문이 끊임없이 반복되고 있었다. 내가 진짜 원하는 것은 무엇인가? 영적 인도를 받는다고 했을 때 나는 얼마나 진지했는가? 나는 마치 죄를 저지른 기록이 눈 앞에 펼쳐진 범죄자 같은 느낌이 들었다. 나는 스스로를 유기한 적이 있었고, 반복적으로 그렇게 했다. 그런 패턴을 바꾸기 위해서는 용기가 필요했다.

누가 믿을 만한 사람인지 판별하는 것은 고난의 극히 일부였을 뿐이다. 그보다 더 중요한 문제는 나 자신을 믿을 수 있는가 하는 것이다. 내가 나 자신을 믿을 수 있다면, 아마도 위기에 처했을 때 알아차릴 수 있을 것이다. 그리고 그것을 통해 다른 답변들이 더 명확해질 수 있으리라. 내가 이미 알고 있기 때문에, 나를 인도하는 영혼이 경고해주기에 알아차릴 수 있는 것이다. 그러므로 나는 그 영혼을 따라야만 한다. 다른 무엇보다도 우선적으로.

나는 조언을 얻기 위해 찾아갔던 수많은 멘토들과 내가 읽은 책들을 떠올렸다. '통곡의 시간', '원하는 사랑을 얻는 법', '우리', '순종과 의지', '마음의 여행' 등등. 한 마디 한 마디가 모두 나의 치유에 도움이 되었고, 몇몇 멘토들은 내가 사각지대를 인지하고 새로운 관점을 얻는 데에 귀중한 도움을 주었다. 하지만 이 모든 것을 나는 이미 알고 있었다.

그 자각이 가진 힘이 나를 둘러싸고 있었다. 나의 길을 찾기 위해 필요한 모든 지혜는 이미 내 속에 있었다.

7. 당신만이 당신을 데려올 수 있다

나는 그들에게 하나의 차선책이었다. 집 근처 여성 전용 교도소의 수녀님은, 수감자들을 위한 저녁 프로그램을 진행해 줄 수 있는지 물어보기 위해 나에게 연락을했지만, 내가 누군지는 전혀 모르고 있었다. 사실 그녀는 원래 내 친구이자 인기 작가인 마크리나 위더커를 초청해 수감자들을 위한 강연을 하려고 했다. 하지만 마크리나의 일정이 너무 바빴을 뿐 아니라, 그녀는 수천 km 떨어진 곳에 있었으므로, 가까운 곳에 있는 나에게 연락을 해보라는 제안을 받은 것이었다.

수녀님의 간청을 거부하는 것이 너무 무정하게 느껴져서, 가기로 했다. 단 하루. 좋은 일에 한 시간 정도는 투자할 수 있었다. 주차장에서 나는, 지시받은 대로 차의 트렁크를 열고, 시계를 포함한 모든 귀중품을 떼어냈다. 가방도 그냥 트렁크에 던져넣었다. 생활의 분주함을 나타내는 수많은 열쇠들 가운데 자동차 키만을 소지하고 지갑에서

면허증을 꺼냈다. 이상한 절차였지만 따라야 했다.

이 절차가 전달하려는 메시지는 분명했다. 이 문을 지날 때에는 온전히 당신만이 출입할 수 있다. 당신의 교육 수준과 학위는 아무 쓸모가 없다. 아무도 그것에 신경 쓰지 않는다. 당신의 소득이 얼마인지는 전혀 관계가 없다. 당신의 외적 조건은 고려하지 않는다. 진짜 당신이 누구인지 말고는 어떤 것도 금속탐지기를 통과하지 못한다.

나는 첫번째 경비초소에서 수녀님을 만나 안내를 받았다. 여러 개의 철문과 구불구불한 뜰을 지나고 나니, 지나온 길이 벌써 헷갈리기 시작했다. 이제 이 안에 갇힌 셈이었다. 넓은 회의실에 도착하니 한가운데 덩그러니 놓여 있는 낡은 목재 강단과 그 위의 마이크 하나가 눈에 들어왔다. 뭔가 삭막하고 경직되어 있는 것 같았다. 나는 내가 얼마나 긴장했는지 들키지 않으려고 노력했다.

수녀님의 제안에 따라, 나는 들어오는 수감자들에게 인사할 수 있도록 문 옆에 서서, 그녀가 의자와 마이크를 세팅하는 모습을 가만히 지켜보고 있었다. 마침내 벨소리가 울리고, 푸른 색의 물결이 복도를 따라 움직이기 시작했다. 그녀들의 모습이 보이기 전에 먼저 시끌벅적한 소리가 들렸다. 나는 이 자리에 강제로 끌려온 사람이 없다는 사실로 그나마 위안을 받고 있었다.

청중들은 참여를 강요받지 않았다. 하지만 나는 한 시간 동안 작업을 하거나 감방에 혼자 앉아 있는 것보다는 이런 모임에 참석하는 것이 더 나으리라는 것을 어렵지 않게 짐작할 수 있었다. 그들이 이 자리에 왔다는 사실은, 그들이 정말 여기 있기를 원하거나 강의 내용에 관심이 있다기보다는, 그저 더 나은 대안이 없었을 뿐이리라. 어쩌면 그들은 단순히 외부인의 얼굴을 보고 싶었던 것인지도 모른다.

이 절차가 전달하려는 메시지는 분명했다. 이 문을 지날 때에는 온전히 당신만이 출입할 수 있다.

수감자들이 한 명씩 나에게 인사를 건넬 때마다 나는 그들의 친근감과 감사함에 놀라지 않을 수 없었다.

"와서 우리와 함께 해 주셔서 감사해요."

그들은 부끄러운 듯 미소 지으며 내게 악수를 청했다. 몇몇은 내 눈을 피하기도 했지만, 대부분의 수감자들은 내 눈을 똑바로 바라보았다. 세상에, 어쩌다 이렇게 된 걸까? 교도소에 올 것을 계획하고 오는 여성은 없을테니까.

자라면서 모든 형태의 혜택을 다 누린 사람이 어디 있을까? 그들은 어떤 가정에서 자랐을까? 어떤 교육을 받았을까? 결혼은 했을까? 자녀가 있을까? 그들도 사랑하고 사랑받았을 것이다. 그들도 소망하는 것이 있으리라. 우리는 서로 얼마나 다를까, 아니면 별 차이가 없을지도 모른다. 나는 그들의 고통에 대해 아는 체는커녕 그들에게 의미 있는 무슨 말을 해야 할지 아무런 확신이 없었다. 하지만 한 가지는 확실했다.

"그들 앞에서 솔직해지지 못한다면 차라리 오지 않는 것이 더 나았을 것이다."

80여 명의 여성들이 천천히 줄지어 회의실로 들어왔다. 대부분의 얼굴들이 많은 풍파를 겪은 듯 지쳐 보였다. 그들이 짓는 미소 사이에 금이 가고 변색된 이들이 보였다. 간혹 이가 하나씩 없는 이들도 있었다. 몇몇은 색이 바래고 탄성을 잃어버린 머리띠를 하고 있었다. 혼자 앉은 몇을 제외하고는 모두가 친구들 주변에 여기저기 함께 모여 앉았다. 그들 모두가 자리를 잡고 앉자, 들어오면서 나에게 인사할 때의 그 반짝거림이 서서히 사라지는 듯했다. 일부는 졸리거나 멍해 보였고, 대부분은 자신의 아픔에 잠겨 아무 생각이 없어 보였다. 오직 그들의 몸만 내 앞의 공간을 채우고 있었고, 따라서 그들의 주목을 끌기는 어려워 보였다.

내가 소개되었을 때, 내 '경력'이 그렇게 부끄러웠던 적은 처음이었다. 제발 수녀님이 내 이력들에 대해 얘기하는 것을 멈추기를 기도하며, 나는 울렁거림과 동시에 쥐구멍에라도 들어가고 싶은 기분이 들었다. 나에게 석사학위가 있다는 것이 무슨 의미가 있을까? 그것이, 내가 인생에서 무언가를 배웠다거나 누군가를 진정으로 사랑했다는 증거가 될 수는 없다. 그들이 나를 존중할 아무런 이유도 될 수 없다. 나는 내가 거쳐온 것들에 대한 장황한 설명을 평소와는 아주 다른 태도로 듣고 있었다. 그들과 나 사이에 어떤 공통점이 있을까? 내 마음이 그들의 마음에 닿지 못한다면, 우리는 그저 같은 방에 앉아 있는 80여 명의 여성일 뿐이다.

마침내 마이크 앞에 다가섰을 때, 모든 눈길이 나에게로 향하고 있었다. 나는 숨을 깊게 한번 들이마시고는 마이크를 끌어당긴 다음 그 상황에서 할 수 있는 유일한 행동을 했다. 나는 그녀들에게 아픔과 상실을 겪은 내 이야기를 해 주었다. 살아내기 위해, 고통에 짓눌리지 않기 위해, 그저 싸워나가는 데 대해 배운 교훈들을 나눌 수 있을 뿐이었다.

그들은 조용히 듣고 있었다. 한동안 나는 그들이 무슨 생각을 하는지 전혀 알 수 없었다. 안경을 쓰고 맨 앞 줄에 앉아 있던 곱슬머리 금발 여성 하나를 제외하고는 말이다. 그녀는 눈빛과 몸짓, 그리고 자신의 모든 태도를 통해 내 이야기를 받아들이고 있었다. 그녀의 작지만 생명력 가득한 체구에서 억누를 수 없는 에너지가 뿜어져나오고 있었다. 내 시선은 유일하게 확인된 아군인 그녀의 얼굴 주위로 왔다갔다하기를 반복했다.

그런데 질의 응답 시간이 되자, 온 방이 활기를 찾기 시작했다. 그제서야 나는 그들이 내 이야기를 경청하고 있었음을 깨달았다. 그들은 배가 고팠던 것이다. 아니 그들은 굶주려 있었다. 그들은 자기 이야기를 하고 싶었고, 또 다른 사람들의 이야기를 듣고 싶었던 것이다. 방의 분위기가 완전히 바뀌어서 잠시 내가 교도소에 있다는 사실을 잊을 정도였다. 내가 그들에게 대타였다는 것과 딱히 여기 올 생각이 없었다는 것도 잊어버렸다. 나는 오로지 각자의 불타오르는 심장에서 진실된 이야기들을 힘 있게 공유하는 여성들의 이 모임만을 의식하고 있었을 따름이다.

그들이 각자 자기 방으로 돌아가야 할 시간이 되었음을 알리는 벨이 울렸을 때, 나는 그 자리를 떠나고 싶지도, 그녀들이 이 자리를 떠나기도 원하지 않는 마음이었다. 그러나 수녀님은 다시 나를 뜰과 철문을 지나 대기실까지, 내가 교도소를 떠나기 전까지 안내해 주었다.

"꼭 다시 와주세요."

그녀가 간곡히 부탁했다.

"당신이 내어줄 수 있는 조금의 시간만이라도 이들과 함께 보내주세요. 일대 일로 앉아 상담이 가능할 수 있게요."

내 의지와 상관없이 나는 그럴 수가 없었다. 내 일정은 이미 꽉 차 있었고, 계속되는 순회로 인해 시간적인 여유가 없었다. 잠시라도 여유를 가지고 집에 머물 수 없는 형편이었다. 나는 계속해서 움직여야 했다. 하지만 수녀님은 내 말을 듣지 못했거나 혹은 나의 얄팍한 변명을 못 들은 체했다.

"부탁드립니다."

오늘 행사의 마지막 즈음에 내가 출판사 두 곳에서 기증받은 책들을 나눠주던 장면이 문득 떠올랐다. 수감자들이 사인을 받기 위해 모여 기다리고 있었다. 그 밝은 금발의 여성도 그 곳에 있었다.

"부탁드립니다."

수녀님은 내 걸음걸이에 맞춰 걸으며, 내가 이 곳을 다시 방문하기에 제일 좋은 날을 정하도록 권하고 있었다. '안 될 것 같네요'라는 말을 듣지 못한 모양인지 그녀는 마치 내가 그녀의 요청을 받아들인 것처럼 행동하고 있었다. 방해받지 않고 바다로 흘러가는 강줄기처럼, 그녀는 내가 올 수 없는 이유에 별로 주의를 기울이지 않는 듯했다. 내가 마침내 말했다.

"알겠어요. (달리 뭐라 말할 수 있었겠는가?) 한 번 더 올게요. 딱 한 번 더요."

그녀가 나를 지긋이 바라보았다.

"알았어요, 두 번으로 해요. 하지만 그 이상은 양보하기 어려워요."

수녀님은 마침내 이를 받아들였고, 나는 마지막 문을 지나 다시 바깥 세상으로 나왔다. 이제야 긴장이 끝났다는 느낌이 들었다. 주차장에서 얼른 차를 타고 떠나려 했지만, 나는 시동을 거는 것조차 할 수 없었다. 결국 나는 자동차 키를 잠시 계기판 위에 올려 놓고 차창 너머로 물끄러미 달을 바라보았다. 방금 만난 여성들은 그들의 감방에서 볼 수 없는 달을 말이다. 주차장에서 다른 차 하나가 나오면서 비춘 전조등 빛에 마치 교도소 전체가 사진처럼 멈춰버린 것 같았다. 나는 핸들에 얼굴을 묻고 울었다.

나는 가능한 한 자주 그 곳을 다시 방문하게 되었다. 털끝 하나 움직일 힘이 없을 때도, 시차 적응 중에 있을 때도, 뼛속까지 피곤이 느껴질 때도, 나는 그 곳을 방문했다. 그리고 내가 방문할 때마다 그들은 새로운 생명력을 나에게 불어넣어 주었다. 나는 칙칙하고 잘 관리되지 않은 듯 보이는 방에서 그들 하나하나와 여러 가지 이야기를 나누었다. 그 방에서는 플라스틱 화분에 담긴 작은 화초들조차 생존이 위태로워 보였다.

> 나는 오로지 각자의 불타오르는 심장에서 진실된 이야기들을 힘 있게 공유하는 여성들의 이 모임만을 의식하고 있었을 따름이다.

나는 여기저기 긁히고 깨어져 나간 낡은 책상 앞에 나무 의자들을 가져다놓았다. 나는 그들이 왜 나에게 오는지 몰랐고, 아무 것도 고칠 수 없었으며, 아무런 대답도 해주지 못했다. 내가 그들에게 희망을 주기 위해서는, 그들의 미래나 현재는 고사하고 과거를 되돌릴 수 있는 무슨 마술봉 같은 거라도 하나 있어야 했을 것이다. 하지만 그럼에도 불구하고 그녀들은 너무나 감사한 마음으로 나에게 다가오곤 했다.

"감사해요."

"우리를 기억해주셔서 고마워요."

"진짜 오실 줄은 몰랐어요. 정말 고맙습니다."

나는 수감자 중 하나가 시를 쓸 수 있도록 일기장을 제공하는 것을 승인받았다. 그녀는 짧고 짙은 갈색 머리를 가졌는데 언제나 사슴처럼 여기저기를 두리번거렸다. 그녀의 몸은 제법 큰 편이었는데 힘이 세고 강인해 보였다. 일기장을 손에 든 채 그녀는 마치 모피를 쓰다듬듯이 일기장 표지를 쓰다듬곤 했다.

어느 날 다른 이들처럼 무감각해지지 못한 한 여성이 다른 사람의 예약시간에 나를 찾아왔다. 어깨까지 쏟아져내린 짙은 갈색의 긴 머리카락이 그녀의 얼굴을 덮고 있었다. 그녀는 방에 들어올 때부터 흐느끼고 있었다. 6주 전 교도소 내에서 출산한 아기가 그 날 아침 영원히 떠났다는 말이 그녀의 입에서 나오기까지는 꽤 오랜 시간이 걸렸다.

원래 예약되어 있던 수감자는 이 젊은 엄마의 고통에 뭐라도 도움이 되고 싶었지만 방법이 없어 어찌할 바를 모르고 있었다고 했다. 그러다가 그녀는 나와의 상담이 예약되어 있었던 것을 기억해내고는, 3주 동안이나 기다려왔음에도 자신의 시간을 양보한 것이었다. 시간이 다 되어 그녀가 나가려고 문 앞에 섰다가 뒤돌아보면서 물었다.

"아기 모세를 바구니에 담을 때 그의 어머니도 이런 마음이었을까요?"

그들의 사연과 이야기는 분명히 나에게도 영향을 미쳤다. 그들 중 누군가가 했던 말이 생각난다.

"이 벽 밖에서는 우리의 행동이 따로따로 분리되어 있

다고 생각할지 모르지만, 이 벽 안에서는 다른 진실을 살아야만 하죠. 우리 모두의 삶이 서로 연결되어 있다는 것을요."

분노는 산불처럼 빠르게 번지는 법이다. 하지만 연민과 동정 역시 마찬가지이다. 그들은 서로를 끌어주고 서로를 구해주었다. 첫 날 저녁에 맨 앞 줄에서 열심히 듣고 있었던 금발 머리의 줄리아는, 그녀가 처음 교도소에 들어오고 나서 몇 주 동안, 누군가 자기 베개 밑에 사탕 같은 선물들을 두고 갔던 적이 있다고 말했다. 발각되면 처벌받을 일이었지만, 선물을 전해주던 사람은 색깔과 함께 온정까지 벗겨져버린 시스템에서도 영혼은 목마름을 채워야 한다는 사실을 역시 알고 있었던 모양이다.

8년 후 줄리아는 그 경험을 기억하며 이렇게 말했다.

"한 통의 편지, 한 번의 방문, 한 번의 미소, 몰래 먹는 아이스크림 한 입은 그 의미가 천 배는 크게 다가오는 법이죠. 정신질환, 약물 피해 그리고 끔찍한 태도의 배경에는 조금이라도 사랑을 받고자 하는 소망이 자리잡고 있다고 생각해요."

나는 수감자들이 서로의 소망을 잃지 않으려고 애쓰는 모습과 함께 그 '약간의 사랑'이 얼마나 강력한 힘을 발휘하는지 보면서 정말 놀랐다. 그들은 그저 출소만을 기다리면서 살지 않았다. 그들은 '오늘이야말로 최고의 날'임을 알고 있었다. 그 오늘이 바로 우리의 삶이다.

> 선물을 전해주던 사람은 색깔과 함께 온정까지 벗겨져버린 시스템에서도 영혼은 목마름을 채워야 한다는 사실을 역시 알고 있었던 모양이다.

어느 봄날, 나는 줄리아와 그녀의 동료가 교도소 측의 승인하에 가꾸던 작은 텃밭에 대한 이야기를 들은 적이 있었다. 몇 가지 작물을 심었는데, 맨 먼저 애호박과 스쿼시가 진딧물에 먹혀버리고 말았다. 오이는 진딧물을 견뎌냈지만 결국 개미들을 이기지는 못했다. 그렇게 토마토만 남게 되었다.

"몇 주 동안 우리는 토마토를 지켜보면서 물을 주고 잡초를 뽑았어요. 내가 꼭지를 따는 동안 룸메이트가 기도했지만, 토마토는 아직 초록빛을 띄고 있었답니다. 그러다가 어느 날, 하룻밤 사이에 변태라도 한 것처럼 토마토에 누르스름한 얼룩이 보였어요. 밤이 되자 그녀는 탐스러운 수확물을 가지고 왔죠. 그녀는 플라스틱 칼을 수술용 메스보다도 예리하게 사용해서 토마토를 썰었어요. 갓 구운 하얀 빵 위에 마요네즈를 바르고, 즙이 넘쳐흐르는 토마토

조각을 그 위에 올렸죠. 우리는 서로의 눈을 마주보면서 동시에 한 입 베어물었어요. 그 순간 토마토의 맛뿐 아니라 수확의 순간, 우리가 텃밭에 쏟아부은 노력, 자연의 기적, 우정, 생존, 삶…… 그 모든 것이 그 한 입에서 느껴졌어요.”

같은 해에 나는 줄리아에게 페르시아의 시인인 하피즈의 시 구절 일부를 전해주었다.

빛이
언젠가 당신을 열 것이오
지금은 당신의 삶이 우리와 같을지라도…
사랑이 반드시 당신을
제한받지 않고 피어나는 새로운 우주로 열어줄 것이오…
생명을 주는 그 광채가 올 것이오…
오, 그대 내면을 다시 한번 살펴보시오
나는 당신이 한때 우아한 주인으로서
모든 놀라운 창조물들을 품었다는 것을 알고 있다오…
당신 몸의 성스러운 틈새로부터

매일 밤 활이 나타나
당신의 영혼을 하느님에게로 쏘아올리리니…

한 달 후 나는, 이제는 깊이 정이 들어버린 줄리아와 앉아서, 그녀가 음주운전으로 인해 여기 온 이야기를 나누는 중이었다. 우리는 항상 만나던 그 외딴 방에서 무릎이 닿을 정도로 가까이 앉아 있었다. 경비원들이 출입문에 붙어 있는 흐릿한 유리창을 통해 우리를 지켜보고 있었다. 벽의 페인트는 벗겨지고 심하게 변색되어 있었다. 이 곳은 아무것도 관리되지 않는 듯했다. 하지만 우리는 주변환경에 신경 쓰지 않고 있었다. 우리는 서로의 눈을 바라보며 우리의 삶이 서로에게 끌리게 된 아이러니를 이해하려고 애쓰고 있었다.

줄리아가 낸 교통사고는 아버지와 아이의 사망으로 이어졌다. 마치 내가 겪었던 그 사고처럼 말이다. 우리는 삶을 되돌릴 수 없도록 바꾸어버린 그 10초에 대해 이야기했다. 우리가 서로를 아끼는 것은 이해하기 어려운 일이다. 외부인의 시선에서 본다면, 우리는 서로의 대척점에 서 있는 사람들이었으니까.

어느 순간 우리는 둘 다 눈물을 흘리기 시작했고, 눈물을 멈출 수가 없었다. 나는 하얀 자켓을 의자 팔걸이에 걸쳐놓고, 경비원들이 눈치 채지 못하기를 기도하면서, 자켓 아래로 줄리아의 손을 잡았다. 그렇게 울어본 게 몇 년만이었는지 모르겠다. 누군가 다른 사람이 있는 자리에서 그렇게 운 것은 내 인생에서 거의 없었던 일이었다. 하지만 나는 나를 위해 운 것이 아니라 그녀를 위해 울고 있었다. 우리는 서로를 위해 울었다.

줄리아는 교화시설에 있는 여성들을 '부서진 인형'이라고 표현했다. 그녀가 이곳에 처음 왔을 때 그들의 얼굴을 보고는 그렇게 느꼈다고 한다. 그녀는 그들의 얼굴이 굳어 있고 때로는 가학적으로 보인다고 느꼈다. 하지만 지금은 그들이 비록 부서지고 헝클어져 있다고 해도 누군가가 다시 꿰메어주기를 기다리는 것처럼 보인다고 했다. 그들과 함께 살면서 그들의 이야기를 듣고 더불어 삶을 공유하다 보면 객관적인 눈으로 볼 수 없게 되는 것이 사실이다. 하지만 그들이 거칠지는 몰라도 인간성의 본질이 그 안에 살아 있는 것만은 확실하다고 생각된다.

수감기간 동안 줄리아는 학사학위를 취득했다. 또한 그녀는 다른 사람들에게, 읽고 쓰는 법을 배우고 검정고시를 치르라고 격려하였다. 나중에서야 나는, 첫 만남에서 내가 책을 선물했던 여성들 중 많은 이들이 문맹이라는 사실을 알게 되었다. 한 여성은 나에게, 선물로 준 책을 읽지는 못하고 그저 잘 때마다 안고 잤다고 말했다. 그러므로 소망과 의미를 위한 그들의 놀라운 투쟁은 내 상식을 뒤집어엎는 것이었다.

그들이 받는 수모는 끝이 없었다. 불시로 이루어지는 몸수색의 경우, 그들은 경비원들 앞에서 나체로 온 몸을 샅샅이 확인받아야 했다. 부모님이나 아이의 장례식에도 15분밖에 참석할 수 없었고, 그마저도 위협 여부와 상관없이 허리와 손에 구속 벨트와 수갑을 찬 채여야 했다. 추워하거나 아파하는 수감 동료에게 신발이나 옷가지를 제공했다가는 그대로 독방행이었다. 즉, 그들은 그러한 처벌을 받는다는 사실을 알면서도 그렇게 행동했던 것이다. 줄리아는 이렇게 표현했다.

"철조망과 쇠사슬로 생명을 얻는 마음."

그리고 무엇보다도 가장 큰 신비는 바로 이것인데, 그들 중 일부는 내가 아는 어느 누구보다도 더 자유로웠다. 진정한 자유함이라고 할 만했다. 다시 교도소에서 줄리아가 쓴 글을 보자.

저 해와 나, 둘 다 갇혀 있구나
시간과 공간에 묶인 채
저 해는 행성이 지나가는 것을 쳐다보고
나는 사람들이 서로 바삐 달려가는 것을 바라본다
저 해는 내가 다른 곳을
사람 없는 크림색 해변을 간절히 바라는 걸 알고 있다
저 해는 매일을 웃는 얼굴로 담당하며
나에게 자유를 가져다 주는구나

줄리아는 나에게 가르쳐주었다.

"삶에서 가장 중요하고 가치 있는 것은 아무 것도 없는 방에서 맨 몸으로 있을 때 내가 가지고 있는 것들이다."

그녀는 가석방 심사관들 앞에 수 차례 서 봤지만, 그녀의 태도가 이례적으로 우수했음에도 가석방은 매번 부결되었다. 그 때마다 그녀는 패배를 인정하고 벽 안에서 온전한 삶을 위해 모든 시간을 활용했다. 두 사람의 죽음과 수많은 이들의 삶에 남겨진 흉터의 책임이 있는 범죄를 마주하는 것은 쉬운 일이 아니었다. 고통을 통해 그녀는 자신이 바꿀 수 없는 것들에 정면으로 부딪쳤다. 교도소 벽 안에서조차 그녀는 성장하고 자라는 법을 배웠다.

교도소에서 그녀를 마지막으로 보았을 때, 나는 그녀에게 몰래 선물 하나를 전해 주었다. 그것이 큰 위험을 무릅쓰는 일임을 나도 알고 있었다. 금속탐지기를 지나면서 나는, 이틀간의 출입 후 (교도소에서 3일간의 수련회를 진행하는 중이었다) 소지품검사가 느슨해졌으리라 생각하면서도, 진땀을 흘렸다. 경비초소를 지나가면서 다리가 후들거리는 것을 멈출 수가 없었다. 이제 선물을 그녀에게 전달해야 하리라.

"삶에서 가장 중요하고 가치 있는 것은 아무 것도 없는 방에서 맨 몸으로 있을 때 내가 가지고 있는 것들이다."

일반적으로 나는 규칙을 어기는 사람이 아니었다. 어쩌면 나는, 줄리아를 보기 위해 텍사스에서 매사추세츠까지 비행기를 타고 왔을 때, 경비원들이 내 얼굴을 알고 있음에도 방문을 승인하는 '서류를 찾을 수 없어서' 돌아가야 했던 날을 떠올렸는지도 모른다. 그 때 나는 3,200km가 넘는 거리를 건너왔음에도 교도소 안으로 들어갈 수 없었다. 혹은 이 체제의 경악스러운 불의에 대한 나만의 작은 반항이었을지도 모른다. 사실 잘 모르겠다. 확실한 것은 내가 항상 규칙을 지키려고 노력하다가 어느 순간 그 규칙을 어기기로 마음먹었다는 점이다.

수련회가 거의 끝나갈 무렵, 경비원들은 방 여기저기에 배치되어 수감자들을 감시하고 있었다. 나는 줄리아 옆을 지나가면서 그녀에게, 내가 떠나기 전에 악수할 때 전해 줄 것이 있다고 속삭였다. 그녀는 아주 살짝 고개를 끄덕였다. 마약이나 총기를 밀매하는 것처럼 범죄를 저지르는 기분이 들었다. 물론 준비된 것은 당시 내가 거주하던 텍사스 주 모양의 작은 세라믹 장식품이었다. 나에게는 내 존재의 일부처럼 소중한 물건이었다.

그 방을 나서기 전, 계획했던 대로 나는 줄리아의 손을 잡았다. 우리는 웃으면서 작별을 고했고, 자연스럽게 선물은 내 손에서 그녀의 손으로 옮겨졌다. 나는 그녀가 주머니에 손을 넣고 천천히 걸어가는 것을 바라보았다. 그녀는 자기 방으로 돌아간 다음에야 내가 전해 준 선물을 살펴보았다고 한다. 나중에 그녀는, 그 물건이 중요하다기보다는 들킬 위험을 감수하며 나누었던 두 마음의 비밀이 더 중요했다고 나에게 말했다.

결국 무슨 말을 하느냐보다는 할 수 있는 한 자주 만나는 것이 더 중요한 요소였던 셈이다.

수많은 가석방 부결 끝에, 마침내 줄리아는 수용시설로 옮겨졌다. 그 곳에서 그녀가 나에게 편지했다.

"제가 자유로운 영혼이라는 게 느껴져요. 이 땅과 바다와 하늘과 연결된 그런 존재 말이에요. 현재의 상황이 아무리 힘들더라도 저는 이 체제가 질식시키려는 인간적인 선을 지켜낼 겁니다. 며칠 전 마치 버터스카치 색 같은 빛으로 환한 보름달을 봤을 때 제 마음이 감동으로 요동치더라구요."

"저의 정신은 저의 육체가 겪고 있는 환경에 따르기를 거부하고 있어요. 제 영혼은 어떤 불꽃이든 다 받아들이고 있어요."

선과 진실이란, 가혹한 현실이 울부짖는 소리 사이에 끼어 있는 교도소 담벽 안에서 몰래 속삭이는 소리와도 같았다.

"어둠도, 대낮도, 주님께는 같으리이다."(시편 139: 12)

이 구절의 신비는 열쇠와 자물쇠의 힘 앞에서, 수많은 경비원들의 야만성 앞에서 너무나도 무력해 보였다. 하지만 보이는 것이 다는 아니다. 무언가 다른 것이 그녀들의 삶에서 작동하고 있었다.

내가 교도소에 수감된 여성들을 만났을 때, 오랫동안 침묵이 이어질 때가 있다. 그녀들은 내 얼굴에서 동정심이나 비판의 흔적을 찾으려고 했다. 결국 무슨 말을 하느냐보다는 할 수 있는 한 자주 만나는 것이 더 중요한 요소였던 셈이다. 그들은 내게 솔직하게 자기 이야기를 털어놓았고, 내가 대답해줄 수 없는 질문을 던졌으며, 과장되었을 수도 있고 그렇지 않을 수도 있는 이야기들을 들려주었다.

나는 우리가 마주쳤다는 아주 단순한 사실을 더 중요하게 생각하기로 했다. 나는, 그녀들과 함께 한 침묵 속의 교감이, 가장 친한 친구들과도 실현하기 어려우리라는 사실을 알고 있었다. 그런 일이 어떻게 가능했던 것일까? 누군가 나와 대화하기 위해 상담실에 들어오면, 나는 그녀를 다시 볼 수 있을지 어떨지 확신하지 못했다. 내가 아는 것은, 우리에게는 60분밖에 허용되지 않는다는 것이었다. 그 시간이 우리의 떡이 되었고, 잠긴 문은 우리의 포도주가 되었다.

제2부

행복을 떠나보내는 자유

모리 교수와 함께

8. 모리와 함께 모험 떠나기

사무실 문을 열며, 나는 예약한 손님이 기다리는지 확인하기 위해 머리를 빼꼼 내밀었다. 대기실이 따로 없는 칙칙한 복도에는 낡은 등의자와, 보는 사람이 있을까 싶은 잡지 몇 권이 그냥 바닥에 놓여 있었다. 사실 잡지를 읽기에는 조명이 너무 어두웠지만, 어쨌든 제공했다는 데에 의의를 두고 있었다.

복도와 대조적으로 내 작은 사무실은, 큰 창문이 두 개나 있어서 햇볕이 잘 들었다. 칙칙한 복도를 지나서 안으로 들어오면 생기 넘치는 밝은 빛이 선물처럼 나를 반겨주었다. 오른쪽 벽에는 흰 색과 푸른 색의 2인용 안락의자가 놓여 있고, 가운데에는 내가 사용하는 푹신한 대나무 의자가 대형 쿠션 두 개와 함께 안락의자를 마주보고 있었다. 대나무 의자 뒤에 책상으로 사용하는 제도용 테이블에는 고객 관련 파일과 보험 관련 양식이 쌓여 있었다. 벽에 걸린 액자는 뉴욕의 겨울 풍경과 모네의 수련 모사화였는데,

두 개의 액자가 사무실에 생동감을 더해 주고 있었다. 그리고 내 의자 옆에 유리판이 깔린 고리버들 탁자에는 해어진 플래너와 상담에 필수적인 디지털 시계가 놓여 있어서 세션이 몇 분 남았는지 알려주곤 했다.

지금 와서 생각해 보면, 그 날 복도로 고개를 빼꼼 내민 내 모습이 재미있게 느껴진다. 나를 기다리던 그 사람은 확실히 그 곳에 있었다. 문이 열리는 소리를 듣자마자 그는 벌떡 일어나 후다닥 나를 지나쳐 사무실 안으로 들어왔다. 들어오라는 말도 예의를 갖출 시간을 기다릴 여유도 없다는 듯이 성큼 걸어 들어온 그가 불쑥 내뱉은 말은 이랬다.

"여자인 줄은 알았지만, 이렇게 어릴 줄은 몰랐구먼."

그가 전달하고자 하는 바는 명확했다.

"이렇게 젊은 여자가 도대체 뭘 알겠나?"

그리고는 위풍당당하게 내 의자에 앉아 눈썹을 치켜올리고는 밝은 푸른 색 눈으로 나를 뚫어져라 쳐다보았다. 그의 행동 하나하나에서 '네 자신을 증명해야 할 거야' 하는 메시지가 느껴졌다.

지난 일을 돌아보면 엄청난 괴리감이 느껴질 때가 있다. 그 때는 아직 우리 둘 다, 모리 슈워츠가 수많은 사람들에게 친근한 이름으로, 그것도 그의 용기와 사랑으로 인해 알려질 줄은 상상도 하지 못하고 있었다. 그 때는 그가 유명해지기 전, 그의 인생을 송두리째 바꿔놓은 진단을 받기 전, 그의 마음에 무언가 새로운 것이 시작되기 전이었다.

우리 둘 모두 앞으로의 여정에 대해서는 아무 것도 알지 못했다. 우리가 함께 형성한 특별한 관계와 확장된 경계에 대해, 만약 내가 그렇게 하기를 원했다 해도, 다른 사람들에게 공개해도 된다는 허락을 받기 전이었다. 삶과 죽음, 분노와 용서, 지킴과 놓아줌의 용광로 같은 역동에서 경험할 수 있는 모든 것을 아직 상상할 수도 없던 때였다. 그가 바쁜 시간을 쪼개어 한낮에 나를 만나려고 찾아온 것은 나의 내담자 가운데 어떤 한 사람의 제안에 의해서였다. 우리는 내가 다른 내담자들을 상담하는 사이사이 잠깐 틈이 남는 시간에 만나기로 했다.

첫 날에는 짜증밖에 나지 않았다. 그는 무례해 보였고, 무엇보다도 내 의자에 앉아 있었다. 여태껏 내 상담실에 들어온 사람에게 자리를 바꿔달라고 한 적이 없었지만, 처음으로 모리 교수에게 그렇게 했다. 자리를 바꿔달라는 의미로 팔을 내밀어 안락의자를 가리켰다. 그는 바로 알아들었고, 나는 작은 승리감을 누릴 수 있었다. 하지만 큰 의미는 없었다. 그는 이제 시작했을 뿐이었으니까.

첫 인터뷰는 그가 나에게 질문을 던지는 말도 안 되는 인터뷰였다.

"심리치료사 자격증은 있으신가?"

"그럼요. 자격증이 없으면 심리치료를 할 수 없을테니까요."

"흐음, 학위는? 석사학위인가?"

난 짜증이 났지만 드러내지 않기로 했다.

"네. 석사학위, 있어요."

나는 단호하게 대답했다.

그는 체격이 작았지만 강단이 있어 보였다. 어딘가 살짝 부스스한 모습도 보이는 것 같았다. 그는 일흔여덟 살이라고 했다. 흰 머리가 가득했고 화려한 면 셔츠를 입고 있었지만 외모에 크게 신경 쓰지는 않는 듯했다. 그가 중요하게 여기는 것은 다른 것들이었다.

마무리를 지으려는 듯 그가 살짝 몸을 앞으로 굽혔다.

"박사학위는 없으신가?"

"네, 없습니다. 딱히 필요하지 않거든요."

"그렇지만 난 있다네."

나는 아무 대꾸도 하지 않고 그를 쳐다보았다. 그는 쿠션을 옆으로 밀어버리고 안락의자 앞쪽에 걸터앉았다.

"개인상담만 하시는가, 아니면 그룹으로도 진행하시는

가?"

"개인고객만 상담합니다."

"나는 그룹상담도 진행하네. 더 높은 기술과 실력이 필요하지."

나는 말문이 막혔다. 그가 보스턴에서 가장 사랑받는 선생이든 아니든 나와는 아무 상관이 없었다. 난 애초에 그런 것에는 아무런 관심이 없었으니까. 그런데 그는 아직도 할 말이 더 남아 있는 것 같았다.

"책을 출판해 본 경험은 있으신가?"

그는 사회학자였고, 나는 그가 무슨 말을 하고 싶은지 알고 있었다. 내가 학술지에 논문을 게재할 만큼 똑똑한지, 경쟁력이 있는지, 충분한 지식이 있는지 물어보는 것이었다. 마침 세 번째 책이 출판된 참이었기에 그것을 말해주었다. 넌픽션을 세 권 집필한 작가라는 사실을 그에게 말하자 그는 '아하' 하더니 또 다른 자랑거리가 있다는 듯이 표정이 환해졌다.

"내가 집필하거나 공동저자로 참여한 저서는 그 세 배 정도 된다네."

그는 이런 얘기를 50분 가량 계속했고, 이야기가 끝날 무렵에는 그가 우월감을 느끼는 모든 부분에 대해 알 수 있었다. 나는 대꾸하는 것조차 포기한 채 그저 이 남자의 독백에 가까운 긴 이야기를 하염없이 듣고 있었을 뿐이었다. 시간이 10분 쯤 남았을 때, 그가 갑자기 물었다.

"그래, 선생의 의견은 어떠신가?"

전혀 필터링되지 않은 말이 내 입에서 튀어나왔다. 침착한 톤으로 얘기하긴 했으나, 어쨌든 그렇게 말했다는 것은 변함 없는 사실이었다.

"제 생각에, 선생님은 제가 만난 사람들 중 가장 오만한 분이신 것 같군요."

모리 교수는 깜짝 놀라 고개를 뒤로 젖혔다. 앞으로 내가 너무나 잘 알게 될 이 제스처는, 그가 놀란 동시에 빠르게 생각을 정리하고 있다는 걸 의미했다. 그가 무릎을 탁 치며 말했다.

"직접 입 밖으로 내뱉을 배짱이 있을 줄은 몰랐군. 어쩌면 선생에겐 희망이 있을지도 모르겠어!"

그는 즐거움이 가득한 표정으로 크게 웃더니 말을 이었다.

"그래, 내 문제가 무엇이라고 생각하시나?"

또 다시 내 답변은 생각을 거치지 않고 바로 튀어나왔다.

"자기를 오픈할 필요가 있는 것 같군요."

비꼬지 않고 담담하게 얘기했다.

놀랍게도 그가 별안간 울음을 왈칵 터뜨렸다. 순식간에 우리 사이의 공간이 극적으로 바뀌었다. 그는 더이상 내 무릎을 꿇리기 위한 대본이 아니라 내면 깊은 곳에 있는 무언가에 이끌리고 있었다. 나는 심호흡을 하고 가만히 앉아 이 상황을 이해하려고 노력했다.

'대체 내가 뭘 건드린 거야, 이제 여기서 뭘 해야 하지?'

앞으로 몇 달간 나 자신에게 계속해서 이 질문을 던지고, 그럴 때마다 매번 더 큰 결과를 마주하게 되리라고는 상상조차 하지 못했다.

"제 생각에, 선생님은 제가 만난 사람들 중 가장 오만한 분이신 것 같군요."

1년 반 후, 그의 삶의 이야기는 ABC 나이트라인(Nightline)에서 호스트 테드 코펠과의 세 차례 인터뷰를 통해 온 세상에 알려지게 된다. 나이트라인은 모리 교수의 '죽음과 죽음의 과정'을 주제로 한 강의에 대한 AP(Associated Press) 통신사의 취재를 통해 그와 연락하였다. 그런데 미국 중서부에서 살고 있던 모리 교수의 옛 제자 미치 앨봄이 마침 이 나이트라인 방송을 시청했다. 그는 옛 스승이자 사랑하는 멘토와 마지막으로 시간을 한번 더 보내기 위해 충동적으로 보스턴을 방문했다. 그 첫 방문이, 아름다운 그들의 관계와 용감하게 죽음을 마주한 모리 교수의 지혜를 담은 감동적인 책 “모리와 함께 한 화요일”(미치 앨봄)이 되었다.

지금 내가 그에게서 들은 이야기는, 나중에 미치 앨봄과 모리 교수의 직접적인 발언을 통해 수많은 사람들이 알게 되는 사실이었다. 모리 교수의 어머니는 그가 어린 소년이었을 때 돌아가셨고, 그 상처는 매우 깊어서 지금까지도 그를 괴롭히고 있었다. 그는 정기적으로 신경검사를 받고 있었다. 그의 몸은 무언가 문제를 가지고 있는 것이 분명했지만, 어떤 검사를 통해서도 문제를 명확하게 밝히지 못하고 있었다. 그는 종종 균형을 잃거나 넘어졌고, 극심한 불안감과 피로감을 느끼곤 했다.

만약 원한다면 그 상처에서 벗어나는 데에 도움을 줄 수 있도록 노력하겠다고 말했다. 하지만 그는 아직도 내가 못미더운 모양이었다.

“왜 선생의 도움이 필요하다고 생각하시는가? 나 혼자서도 해결할 수 있는 일이야.”

나는 그저 어깨를 으쓱했다. 물론 그의 결정에 달린 일이기는 했다. 가파른 산을 오를 때에는 한 사람이라도 더 있는 것이 좋다는 것을 알기에 한 제안일 뿐이었다. 그는 노골적으로 의심쩍은 표정을 지었다. 그렇게 한두 달이 지나고 나서도 그는 여전히 나를 신뢰하거나 상처를 함께 극복할 생각이 없는 듯했다. 애초에 그런 의사를 가지고 나를 만나려고 한 것도 아니었다. 알 수 없는 증상들로 인해 불안감이 커지는 와중에 나의 고객이자 그의 옛 제자가 권해서 온 것이었다. 그는 우리가 서로 잘 맞을 것이라고 생각했던 모양이다.

그러던 중 전화 한 통이 모든 것을 바꿔놓았다. 기다리던 검사 결과가 최악의 소식을 가지고 왔다. 모리 교수는 신경계가 점차 쇠약해지는 질병인 ALS(amyotrophic lateral sclerosis, 근위축성 측색경화증) 진단을 받았다. 아직까지 치료법이 없는 불치병이었다. ALS 환자들은 대개 진단 후 1년 반에서 2년 정도밖에 생존하지 못하는 것으로 알려져 있었다.

모든 것이 급격하게 변하기 시작했다. 내 사무실은 엘리베이터가 없는 건물의 2층에 있었고, 모리 교수에게는 계단을 오르내리는 것이 점점 더 힘들어졌다. "어떻게 하는 것이 좋겠는가?"

그가 물었다.

"혹시 내 집으로 와 줄 수는 없으시겠나?"

뾰족한 다른 수가 없었기에 일단 승낙했다. 딸과 내가 차를 같이 써야 했기에, 그저 그의 집이 사무실에서 걸어갈 만한 거리에 있기만을 바랄 뿐이었다. 그의 집이 사무실에서 1.6km 정도 떨어져 있다는 것을 듣고는 안심할 수 있었다. 그 정도면 걸어갈 수 있는 거리였다. 그가 원하는 것이 왕진 치료사라면, 못할 것도 없다고 생각했다.

가파른 산을 오를 때에는 한 사람이라도 더 있는 것이 좋다는 것을 알기에 한 제안일 뿐이었다.

모리 교수의 집에 처음 방문한 날, 현관 앞에서 그가 문을 열어주기를 기다리고 있었다. 우리가 처음 만난 때와 비교하면 벌써 그의 움직임은 많이 느려져 있었다. 그 동네의 집들은 잘 관리되어 있었고, 다소 단순했다. 전원도시인 매사추세츠 주 뉴턴은 넓은 땅에 벽돌로 지어진 저택들과 자갈 보도, 꽃나무, 그리고 잘 가꿔진 관목들이 많은 곳이었다. 조각상들과 기념 건축물들도 보였다.

그에 반해 모리 교수의 집 앞 도로와 뜰은 꽤나 소박했다. 잔디와 나무들이 호화롭지 않게, 하지만 잘 가꾸어져 있었다. 모리 교수는 문을 열어 나를 맞아들인 다음 거실을 지나 곧바로 그의 서재로 안내했다. 우리는 사방이 책으로 빼곡히 둘러싸인 좁은 공간에 앉았다. 이 방에서 나는 학문에 대한 그의 열정을 볼 수 있었다. 책들이 바닥부터 천장까지 대부분의 공간을 모두 차지하고 있었고, 그의 책상 위에도 인쇄물과 책들이 빈 틈 없이 쌓여 있었다. 처음 만났을 때의 그 퉁명스러움과 잘난 체하는 태도는 어디에도 없었다. 그저 내가 그를 방문해 주었다는 사실에 고마워하며 따듯하고 기쁘게 맞아 주었다.

나는 주변을 찬찬히 둘러보았다. 모리 교수가 앉아 있는 안락의자 맞은편에는 큼직한 창문이 있고 그의 뒷쪽에도 창문이 있어서 방은 어둡지 않았다. 창문 너머로는 뉴잉글랜드의 큰 활엽수들이 우거져서 자연스러운 우아함을 자랑하고 있었다. 나는 모리 교수의 책상 옆에서 의자 하나를 그의 안락의자 옆으로 끌고 왔다. 그는 무언가 할 이야기가 있는 듯했고, 그 말을 꺼내려 전전긍긍하고 있었다. 평소의 자신이라면 하지 않을 말을 어떻게 나에게 해야 할 것인지, 어떻게 자신의 상황을 설명해야 할지 고민하는 것처럼 보였다.

먼저 그는 자신이 당면한 가장 시급한 문제인 진단 얘기를 꺼냈다. 그는 아직도 온전히 받아들이기 어려운 것 같았다. 제대로 받아들이려면 수 개월에 걸쳐 작은 부분으로 나누어 천천히 소화해야 할 일이었다. 그러므로 지금 이 순간에는 너무도 강렬한 억압으로 다가왔으리라. 사람이 내면과 외면의 큰 변화를 동시에 겪을 때는 어떻게 해야 평정을 유지할 수 있을까? 아마도 천천히 반응하며 움직여야 할 것이다.

> 처음 만났을 때의 그 퉁명스러움과 잘난 체하는 태도는 어디에도 없었다. 그저 내가 그를 방문해 주었다는 사실에 고마워하며 따뜻하고 기쁘게 맞아 주었다.

하지만 피할 수 없는 사실이 하나 있다. 바로 우리의 삶은 영원하지 않다는 사실이다. 보다 고통스럽게 표현하자면 바로 이 삶, 내 삶이 영원하지 않다는 것이다. 모든 것은 일시적이다. 나에게 계속해서 내일이 있으리라는 거짓말을 더는 믿을 수 없게 되는 것이다. 나에게는 미래라는 사치가 허락되지 않는다. 오직 지금이라는 현실만 남아 있을 뿐이다.

모리 교수는 진지해 보였다. 미사려구는 온데간데 없었다. 대신 죽음을 마주하여서, 삶에 대한 모든 질문들이, 충분히 애도하지 못한 슬픔들이, 너무 조금 또는 한 번도 꺼낸 적 없었던 말들이, 감추었던 감정들이, 아직 맛보지 못한 경험들에 대한 아쉬움이 있을 뿐이었다. 그가 말하고자 하는 바는 명확했다. 바로 그것이, 인생의 남은 기간 동안 그가 강력하게 하고자 하는 일이었다. 하지만 그것이 끝은 아니었다. 그가 내 눈을 똑바로 바라보며 말했다.

"내 앞에 있는 난제들에 대해 심리치료사의 도움이 중요하다는 사실을 깨달았네. 일주일에 한 번씩 와서 나와 함께 해주시게. 나는 죽어가고 있다네."

그가 무슨 생각을 하는지 알 수 없었다. 자신의 말에 담긴 진심을 나타내기 위해서인지 모리 교수가 그 단단한 몸을 앞으로 살짝 숙였다.

"일주일에 한 번씩 더 와주셨으면 좋겠네. 치료사가 아니라 한 인간으로서 말일세. 그렇게 방문하는 날에는 내 질문에 온전히 대답해주시면 고맙겠네. 치료사와 내담자 사이의 거리 없이, 함께 걸어주시기를 진심으로 바라네. 선생의 모든 역량과 자원을 다 가지고 말일세. 이 부탁을 꼭 들어주겠다고 대답해 주시게."

언젠가 모리 교수가 내 속을 뒤집는 데 일가견이 있다는 것을 보여줄지도 모른다는 생각이 들었다. 그것이, 그가 규칙과 경계 밖으로 자신을 밀어붙이는 여러 방법 중 하나였다는 것을 그때 알았더라면, 어떻게 되었을까? 심리치료사와 내담자의 관계에 대한 경계는 분명하고, 명확하며, 나에게 매우 중요했다. 두말할 것 없이 예외란 없었다.

"그럴 수 없습니다, 교수님."

그는 그런 대답을 예상했다는 듯이 내 말을 끊고 쏘아붙였다.

"난 죽어가고 있네. 죽어가고 있단 말일세. 일반적인 상황에서 중요한 규칙 따위를 지키려고 할 때가 아닐세. 우리가 마주한 상황은 다르지 않은가. 조금 더 마음을 크게 먹고, 한 인간이 다른 인간에게 진심으로 하는 부탁을 들어주시게나. 거절하지 말아주게."

언젠가 모리 교수는 내 속을 뒤집는 데 일가견이 있다는 것을 보여줄지도 모른다.

나는 확답을 하지 못한 채 그의 집을 떠났으나, 그의 부탁에 대한 고민은 이미 시작되었다. 상황이 규칙보다 중요한 때가 언제일까? 법은 언제 영혼에 양보하고 눈감아주는가? 나는 그런 문제를 제기한 그에게 화가 나기 시작했다. 그에게 생각할 시간이 필요하다고 했지만, 그는 놓아줄 생각이 없어 보였다.

"이번 주에 다시 한번 와서 내 말을 들어주시게."

고집불통이었다. 나는 자동차를 타고 올 수 있는 날이 손에 꼽을 정도밖에 되지 않았다. 일주일에 한 번 이 곳에 오는 것만으로도 내게는 엄청난 희생이라는 사실을 그는 전혀 모르고 있었다. 하루 중 3시간을, 그의 집까지 걸어가서 그를 만나고 다시 걸어오는 데 써야 했으므로, 이는 내가 그만큼 다른 고객을 더 상담해서 돈을 벌 시간을 빼앗긴다는 것을 의미했다. 그런데 하루를 더 와달라니!

그의 집을 나서면서 나는 그의 부탁을 생각해 보겠다고만 하고 서로 인사를 나누고 헤어졌다. 솔직하게, 이 고민거리가 그냥 사라졌으면 좋겠다는 생각이 들었다. 나도 모르게 '다 사라졌으면 좋겠다'는 말을 반복적으로 되뇌이며 사무실로 걸어가고 있었다. 그러다가 나는 모리 교수도 똑같은 감정이라는 사실을 깨달았다. 다만 그에게는 나처럼 선택할 여유가 없었을 뿐이다.

그 후 며칠 동안 머릿속이 복잡했다. 일 때문에 바쁜 와중에서도 조금만 일에서 눈을 돌리면 모리 교수의 부탁이 생각을 비집고 들어왔다. 답은 명확하게 '아니오'였다. 예외는 없다. 이 문제에 굳이 연관될 이유도 없었고 그러고 싶지도 않았다. 일흔여덟 살의 노인이, 인생에 대해 더 깊이 생각하도록 나를 밀어붙이기 전에, 내가 누리던 명확한 시간표를 돌려받고 싶었다.

나는 목요일까지, 금요일에 단지 한 사람으로서 그를 찾아갈 것인지 여부를 전화로 알려주기로 약속했다. 수요일 밤이 너무나 길게 느껴졌다. 대답은 정해져 있었지만, 그럼에도 그의 부탁을 거부하는 것이 뭔가 마음을 불편하게 했다. 왜 이러지?

같이 걸으면 길이 되는

석사 과정 중에 내가 상담했던 한 어린 소년의 얼굴이 순간 스쳐 지나갔다. 열한 살의 스콧은 매력적이고, 반항적이며, 내 참을성을 시험하는 데에 도가 튼 아이였다. 그를 대학의 상담 프로그램으로 데려온 것은 그의 부모였다. 스콧이 집이든, 교실이든, 놀이터든 상관 없이 아무 때나 화가 나서 폭발하기 일쑤였기 때문이다. 우수했던 성적은 자꾸 떨어졌고, 무엇이 문제인지 아무도 알아내지 못하고 있었다.

스콧에게 처음 인사한 날 나는 미소를 지으며 그에게 다가갔다. 마치 노먼 록웰의 작품에 등장할 것 같은 아이였다. 얼굴의 주근깨와 눈가를 스치는 붉은 빛의 금발 앞머리는 그가 미국인이라는 사실을 알려주는 듯했다. 하지만 그는 나를 포함한 어느 누구와도 상담하기를 원하지 않았기 때문에, 얼굴에서 미소라고는 전혀 찾아볼 수 없었다. 이를 악문 채 스콧이 내뱉은 첫 마디는 이랬다.

"나는 여기 있고 싶지 않아요. 당신과 얘기하지도 않을 거에요."

초보 심리치료사에게는 난감한 경험이 아닐 수 없었다. 나는 몇 주 동안이나 대화할 생각이 전혀 없는 내담자와 씨름하는 모습을 반투명 유리창 너머로 지도교수와 동료들에게 보여주어야 했다. 실패는 그 자체로도 힘든 경험이지만, 공개적인 실패는 정말 최악이다. 결국 내 지도교수는 고통을 변화의 기회로 삼을 의지가 없는 고객들에 대하여 나와 얘기를 나누게 되었다.

그의 말은 명확했다. 바뀔 준비가 되어 있지 않거나 그렇게 할 최소한의 의지조차 없는 이들은 도울 수 없다. 사실대로 보자면, 스캇이 바뀌기를 바라는 것은 스캇이 아니라 그의 부모였다. 그들은 스캇을 치유하고 그의 태도를 바꾸려는 희망에서 나에게 데리고 온 것이었다. 하지만 정작 스캇은 이 일에 전혀 관심이 없었다. 지도교수는 이 상담을 끝낼 것을 추천했다. 내가 그리도 바라던 고난의 끝이 내 앞에 있었다. 나를 자유롭게 만들어줄 주문과도 같았다.

그러나 막상 대답하려고 입을 열었을 때, 나는 해방감 이전에 지금까지 내가 깨닫지 못하고 있던 진실과 마주하게 되었다. 그것은 뭐, 흔한 얘기이기는 하지만, 아이를 소중하게 여기는 마음이었다. 물론 그 아이 때문에 내 실습 성적은 좋지 못하겠지만, 그건 그저 성적일 뿐이었다. 이 아이는 자신의 삶에서 무엇을 짊어지고 살아가게 될까? 그것이 매우 중요하게 여겨졌다. 내가 얼마나 속상하고 혼란스러웠는지를 고려해본다면, 그건 아주 중요한 문제였다.

3일 후 월요일 아침에 나는 지도교수의 사무실 앞에서 내 모든 감정을 한 번에 쏟아냈다.

"교수님, 들어주세요. 다른 방법이 있을 것 같아요. 스콧은 그 방을 싫어해요. 어린 남자아이들이 좋아할 만한 방은 아니잖아요. 그 방 말고 다른 곳으로 데려가서 다른 방법으로 상담할 수 있게 해주세요."

지도교수는 잠시 생각에 잠겼다가 나에게 어떻게 할 요량인지 물었다.

"그 아이와 함께 산책을 좀 하려구요. 그것뿐이에요. 그 아이가 오면, 데리고 나가서 좀 걷다 올게요. 나뭇잎 더미를 걷어차 보기도 하고, 캠퍼스 끝에 있는 농장에서 동물들 구경도 하고, 언덕을 올라가보기도 하구요. 어디든 남자아이가 가고 싶어할 만한 곳에 같이 갈게요."

모험의 가치를 알고 있었던 지도교수는 내 말을 듣고 한 번 해보라고 허락했다. 결과적으로 그 시도는, 심리치료 기술과 인간의 행동 및 성격 이론에 대한 교과서적인 수업보다 훨씬 더 많은 것을 가르쳐주었다. 규칙을 넘어서 사랑의 힘이 사람의 마음에 어떻게 파고드는지 분명히 경험하게 되었던 것이다.

스콧과 나는 함께 산책을 시작했고, 그 산책은 세 번의 계절이 지나는 동안 계속되었다. 비가 오나 눈이 오나 우리는 항상 밖에서 걸었다. 처음 몇 주 동안에는 다해 봐야 몇 마디 나누는 것이 전부였다. 우리는 그저 나란히 걸을 뿐이었다. 우리가 마침내 대화를 나누기 시작했을 때, 그 주제는 나무와 돌과 뱀과 새들에 관한 것이었다. 남자아이들끼리 할 만한 그런 대화 말이다. 달리기도 하고 서로 밀치기도 하면서 함께 웃었다.

어느 봄날 스콧의 엄마가 해변까지 우리를 데려다주었고, 우리는 조개껍데기를 주으며 산책을 했다. 이전에 실내에서 상담을 할 때에, 우리는 미국을 휩쓰는 사랑의 물결을 상징하는 구슬 팔찌를 만들었던 적이 있었다. 지금 우리는 바로 그 사랑에 대해, 관계에 대해, 서로가 서로에게 어떻게 영향을 주는지에 대해 대화를 나누고 있었다.

나는 주기적으로 지도교수와 동료들에게 이 특별한 관계의 진행 상황에 대해 알릴 책임이 있었지만, 도무지 어떻게 설명해야 할지 감이 잡히지 않았다. 내가 공부하는 심리치료의 어느 범주에도 속하지 않았지만, 그럼에도 확실히 효과를 보이고 있었다. 마침내 스콧의 부모가 지도교수에게 전화를 걸어, 그 아이가 학교생활에 다시 적응하기 시작했으며 화가 풀린 것 같다고 말했다.

스콧은 더이상 수업을 방해하지 않았고, 활기로 가득찬 남자아이로 돌아왔다는 내용이었다. 어떻게 이런 긍정적인 변화가 가능했는지 가늠할 수 없었지만, 어찌 됐든 감사한 일이 아닐 수 없었다. 마침내 상담이 종료되었을 때, 우리의 작별은 꽤나 가슴을 뭉클하게 하는 것이었다. 우리는 진정으로 서로를 가식 없이 마주했었다. 진심만 남을 때까지.

규칙을 넘어서 사랑의 힘이 사람의 마음에 어떻게 파고드는지 분명히 경험하게 되었다.

석사과정 이후, 나는 작은 지역 전문대학에서 상담사로 근무를 시작했다. 그 곳에서 나는 영문학과 교수였던 로이 다시를 만나 결혼했고, 함께 미래를 그려갔다. 나는 결혼 후 바로 임신해서 딸 사라를 낳았다. 우리의 꿈은 점점 현실이 되어가는 듯했다. 돈도 없이 가진 것이라곤 여기저기 수리가 시급한 낡은 집 하나와 넘쳐흐르는 사랑뿐이었지만, 불안함이나 홧김에 내뱉었던 말들 또는 긴장했던 어떤 순간도 전혀 기억이 나지 않는다. 그저 편안한 느낌만 있었다. 우리는 별 생각 없이 순조로운 인생을 항해하고 있는 중이었다.

사라가 태어난 지 18개월 후, 나는 다시 임신했다. 또 다른 아이가 태어날 것이라는 소식에 우리는 그 기쁨을 부모님과 나누기 위해, 코네티컷에서 매사추세츠까지 차를 타고, 그 비운의 여행길에 올랐다. 돌아오는 길, 집까지 약 30km 정도 남은 지점에서 어느 음주운전자가 내 미래를 송두리째 바꿔놓았다.

11일 후, 나는 구겨진 종이처럼 주저앉아서 사라와 로이의 관이 땅 속으로 묻히는 것을 보고 있었다. 마음과 영혼이 산산조각난 채 임신 3개월의 몸을 이끌고 부모님 댁으로 가서 어떻게든 살아갈 궁리를 해야만 했다. 수많은 문상객들이 있었지만, 나는 괴로움에 눌려서 그들을 제대로 맞을 수 없었다. 그들이 나를 격려하거나 위로하려고 하는 말들은 오히려 상황을 악화시킬 뿐이었다.

내 마음은 분노와 두통 사이를 오가는 것만으로도 숨이 찼다. 물론 분노는 얇은 껍데기에 지나지 않았다. 분노해봐야 쓰라린 고통을 잠시 연기시켜 줄 뿐이었다. 내 안의 모든 것이 다 통증 덩어리였으니까. 슬픔 속에 잠겨 있는 것보다는 그나마 분노가 더 나았다.

돌아오는 길, 집까지 약 30km 정도 남은 지점에서 어느 음주운전자가 내 미래를 송두리째 바꿔놓았다.

어느 일요일 오후, 나는 아직 부모님 댁에서 회복에 힘쓰고 있었다. 엄마가 내 방에 들어와서, 누군가 나를 찾아왔다고 말했다. 내 안에서 점점 커져가고 있던 절망감 때문에 나의 반응은 퉁명스러웠다. 엄마는 그런 나에게, 손님을 맞든 말든 알아서 하라면서 나를 내버려둔 채 문을 쾅 닫으며 나갔다. 쾅 하는 소리에 정신이 번쩍 들었다.

나로 인하여 주변에까지 비참함이 번져나가는구나 하는 생각이 들었다. 멈추어야 했다. 정신을 차린 다음 깨끗한 셔츠로 갈아입고 거실로 나갔다. 누가 온 건지 알아보려고 주의를 집중시키며 거실로 나왔을 때, 한 남자가 선 채 창문 밖을 내다보고 있었다. 내가 거실에 들어서자 그가 돌아섰고, 나는 놀라서 눈을 떼지 못했다. 제법 긴 세월도, 짧지 않은 성장 과정도 그 용모를 바꾸지는 못했다. 얼굴의 주근깨와, 젤을 살짝 발라 옆으로 넘겼지만 여전히 약간 붉은 빛을 띈 금발의 앞머리, 말쑥하게 면도를 한 그 얼굴을 나는 알고 있었다. 아주 잘 알고 있었다. 세상에, 스콧이었다.

눈 앞의 광경을 이해하고 스콧이 여기 있다는 사실을 받아들이려고 눈을 껌벅거리는 동안, 스콧이 성큼성큼 걸어와 이제는 다 자란 손으로 내 손을 잡았다.

"선생님 사고 소식을 어제야 들었어요."

스콧이 사정을 이야기하기 시작했다.

"대학교에서 선생님 지도교수님을 우연하게 만났어요. 그 분께 말씀을 들었죠."

너무 놀라서 아무 대답도 하지 못했다. 무언가 말을 제대로 할 수가 없었다. '세상에!' 오직 이 한 마디만을 할 수 있었다. 화가 잔뜩 나서 모두와 멀어지려고 하는 나에게, 내가 거부감을 갖고 있지 않은 유일한 사람이 문을 열고 들어온 것이다.

스콧은 더욱 힘을 주어 내 손을 꼭 잡았다.

"부모님이 부엌에서 기다리고 계세요."

그가 다시 입을 열었다.

"여기 같이 와서, 선생님을 찾는 걸 도와달라고 제가 부탁했어요."

여전히 나는 그를 쳐다보며 아무 말도 할 수 없었다. 스콧이 말을 이었다.

"폴라 선생님, 제가 가장 힘들 때에 저와 함께 있어주셨지요!"

귓속말을 하듯 조용한 목소리였다.

"그래서 저도 선생님과 함께 있으려고 왔어요."

그가 받은 사랑을 다시 전해주러 온 것이었다.

스콧은 내가 소파에 앉도록 도와준 뒤, 조용히 내 손을 잡고 옆에 있어주었다. 그가 와서 함께 있어 찢어진 내 마음을 부축하는 것과 같은 행동이 얼마나 큰 치유의 힘을 가지고 있는지 누가 가늠할 수 있을까? 사랑의 직접적인 역동이 가진 의미를 말이다.

……

그리고 지금, 모리 교수의 부탁이 바로 그런 경우라는 것을 나는 알아차렸다. 모리 교수는 나에게 제발 경계를 넘어서기를, 규칙에 예외를 두기를 바라고 있었다. 나는 중요한 판례를 찾아 헤매다 마침내 발견한 변호사와 같은 기분이 들었다. 모리가 나에게 문턱을 넘어설 것을 부탁하고 있었다. 순간, 모든 것이 단순하고 명확해졌다. 난 스콧과 산책을 했었다. 우리는 함께 걸었을 뿐이고, 그것이 우리의 경험이었다. 그리고 이제 모리가 나에게 함께 걸어갈 것을, 함께 죽음을 향해 나아가 줄 것을 부탁하고 있었다. 관습 같은 것은 무시하고 사랑의 내적 원칙을 따를 것을 말이다.

목요일 아침에 나는 모리 교수에게 전화를 걸어, 금요일에 심리치료사가 아니라 그저 한 사람으로서 방문하겠다고 했다. 통화는 2분만에 끝났다. 그 이후에 펼쳐질 상황은 그렇게 단순하지 않겠지만, 내가 아무 조건 없이 그저 함께 한다는 사실에는 변함이 없었다.

금요일 오후에 그를 찾아갔을 때, 모리 교수는 거실 뒷쪽의 작은 방으로 나를 데려갔다. 현명한 행동이었다. 서로 다른 종류의 일은 마찬가지로 서로 다른 장소에서 진행하는 것이 맞다. 서재를 제외한 모든 방은 깔끔하게 정돈된 채 열려 있었다. 여기저기 흩어진 예술작품들과 그림들이 눈에 띄었다. 나는 모리 교수 맞은편에 있는 작은 의자에 앉아서 기다렸다. 어떤 일이 일어날지 걱정할 필요 없이 모리 교수에게 맡기기로 했다.

첫 질문이었다.

"기독교인으로 자라셨는가?"

살짝 놀라긴 했으나 그럴 이유는 없었다. 몇 주 전 그와의 첫 인터뷰와 비슷했으니까. 하지만 이번에는 주제가 나의 경력이 아닌 나의 삶으로 바뀌어 있었다.

"네, 맞아요."

나는 조심스럽게 대답했다.

"그런 문화에서 자랐죠."

"그럴까봐 불안했네만……"

약간 퉁명스럽게 그가 대꾸했다.

"중요한 규칙을 하나 알려주지. 절대 그 얘기를 입 밖에 꺼내지 마시게. 나는 예수에 대해 듣고 싶은 생각이 전혀 없네. 뉴욕에서 자라는 동안 반유대주의가 너무 극심했으니까 말일세. 이해하시겠는가? 그 상처들은 아직도 나를 괴롭힌다네."

충분히 이해할 수 있는 말이었다. 애초에 내가 주도적으로 대화를 이끌어갈 생각도 없었다. 나는 그저 대답만 할 생각이었고, 그렇다는 사실을 모리 교수에게 이미 말한 바 있었다.

모리 교수는 서두르는 듯 말을 이었다.

"자네의 책 세 권을 읽어보고 싶네."

약간 유머스러운 말투였다. 그 말투가 전달하는 바는 명확했다.

'내가 쓴 십여 권의 책들에 비해 보잘것 없는 자네의 책 세 권 말일세.'

책을 가져다주는 데는 문제가 없었다. 그러나 나는 그 책들이, 그가 방금 얘기한 듣고 싶지 않은 이야기들로 이어지면 어떻게 할지 물어보았다. 모리 교수가 흔들림 없이 대꾸했다.

"책이야 덮으면 그만이지."

다음으로 모리 교수는 가족과 형제 관계에 대해 질문했다. 모리 교수 본인도 한 아버지로서 아들들과의 관계에 대해 생각하는 중이라고 말하면서, 나와 아버지의 관계에 대해서도 물어보았다. 질문을 듣는 내내 내가 군대에 징집된 건 아닌가 하는 생각이 들었지만, 솔직하고 최대한 자세하게 그의 질문에 답변했다. 아직까지도 이 포맷은 어색하게 느껴진다.

지난 화요일에 나는 그의 심리치료사가 되기로 했었다. 3일 후, 우리는 그저 두 개인으로서 자신의 경험에 대해 이야기를 나누고 있었다. 그러나 모리 교수는 아직 내가 편한지 불편한지에 전혀 관심을 두지 않았으므로, 대화는 부드럽게 이어지지 않았다. 그의 관점에서는 내가 함께 있어주겠노라 동의한 순간 경계선이 무너진 것이나 다름이 없었다. 이제 그는 앞으로의 과정에만 관심을 쏟고 있었다. 나는 모리 교수에게 내 책들을 가져다주었고, 그는 웃으며 그것을 받았다.

다음 주 금요일 내가 다시 그를 방문했을 때 내 책들은 그의 탁자에 놓여 있었다. 그 날, 나는 처음으로 그의 다정한 면을 보았다. 내 남편과 사라의 죽음에 대한 이야기를 담은 '사라의 노래'를 손에 들고 눈물을 글썽이며 모리 교수가 말했다.

"자네가 슬픔을 이겨내는 법을 잘 아는 이유가 있었군."

그가 말을 이었다.

"늦게나마 애도를 표하네. 얼마나 힘든 시간이었을꼬. 그 아이를 무척 사랑했을 테니까 말일세."

그가 나를 바라보았다.

"자네는 그 아이가 떠나고 나서야 작별인사를 할 수 있었구먼. 나는 내가 곧 떠난다는 것을 아는 상황에서 작별인사를 해야 하고……."

나 역시 그 점을 뼈저리게 깨닫고 있었다. 아니, 모리 교수가 해야 할 작별인사가 비교도 할 수 없을 만큼 더 어려울 것이라고 느껴졌다. 여러 곳을 다니며 내 아픔에 대한 이야기를 해봤지만, 내 이야기를 처음 듣는 사람과 얼굴을 마주보고 얘기를 나누는 것은 또 다른 일이었다. 나는 모리 교수의 단순한 '애도를 표하네'라는 말에 감동받았고, 그 감동이 앞으로의 분위기가 될 것 같았다. 그제서야 나는 명확하게 알 수 있었다. 우리는 우리의 삶으로 그 진실의 끝에까지 들어갈 작정이었다. 주저하거나 체면 같은 것을 따지지 않고 말이다. 그가 반복해서 얘기하듯이, 그는 죽어가고 있었고 우리에게는 낭비할 시간이 없었다.

인생이라는 경기장은 분명 위험성을 가지고 있지만, 동시에 우리의 시간이 제한적이라는 사실을 가르쳐준다. 그것은 인생의 본질에 속해 있는 사실이지만, 우리가 그것을 거부하려고 하기 때문에, 우리는 대개 그 진실이 주는 힘을 제대로 누리지 못하고 살아간다.

이제 금요일마다 우리가 나눈 대화는 우리 각자의 삶에서 매우 중요한 부분이 되었다. 모리 교수는 내가 주말에 수련회를 인도하는 것을 신기하게 여겼다.

"누가 참가했는가? 짧은 시간만에 그렇게 깊은 관계가 이뤄질 수 있는 이유가 무엇인가?"

모리 교수는 내가 만난 모든 사람들에 대해 물었고, 내 이야기들을 스펀지처럼 빨아들였다. 그가 조심스럽게 말했다.

"자네가 나에 대해 얘기할 때도 같은 눈빛으로 말했으면 좋겠군. 생판 모르던 남과 그렇게 빠르게 친해질 수 있는 비결이 무엇인가?"

나도 모르게 웃음이 나왔다.

"함부로 누설하면 안 되는 비밀입니다."

"그렇구먼."

평소의 차가운 톤은 찾아볼 수 없었다.

앨라바마에 다녀온 어느 주말, 모리 교수는 내가 유달리

기운이 넘치고 눈빛이 색다른 광채를 띄는 것 같다고 말했다. 주말 동안 무슨 일이 있었는지 물어보았으나, 나는 대답하기를 주저했다. 아직 그 이야기를 하는 것에 대해 확신이 서지 않았기 때문이다. 나는 그의 요구를 무시하지도 그를 불쾌하게 만들고 싶지도 않았다. 하지만 일상생활에서 영적인 현상이 나타나는 것에 대해 그가 어떻게 생각할지 몰랐고, 또 어쩌면 터무니없다고 여길지도 모를 일이었다. 내 고민을 말하려는 순간, 그가 답답하다는 듯이 손사레를 쳤다.

"이야기를 들려주기나 하시게."

그가 고집스럽게 요구했다.

여러 곳을 다니며 내 아픔에 대한 이야기를 해봤지만, 내 이야기를 처음 듣는 사람과 얼굴을 마주보고 얘기를 나누는 것은 또 다른 일이었다.

누가 내게

앨라바마의 수련회는 내 친구 마르시아가 주관했다. 나는 모리 교수에게, 그녀가 얼마나 강하고 깊은 심성과 믿음을 가진 여성인지 말해주었다. 마르시아와 함께 있을 때면 무언가 기적이라고 여겨질 만한 일이 종종 일어나곤 했다. 토요일 오후, 나는 교회에서 강의를 마치고 내 책들에 싸인을 해주고 있던 중이었다. 싸인을 하기 위해 다음 책을 받으려고 손을 뻗었을 때, 사람들 사이로 손 하나가 불쑥 튀어나왔다.

작은 물건을 들고 있던 그 손의 주인은 내가 그 물건을 받기 원하는 듯했지만, 사람들에 가려서 누가 건네주려고 하는지는 확인할 수 없었다. 나는 물건을 받고 가방에 넣은 후 그 일을 금방 까먹어버렸다. 그리고는 계속해서 사람들을 맞이하고 책에 싸인을 하다가 초청받은 저녁식사 장소로 이동했다. 내가 숙소에 다시 돌아왔을 때는 꽤 늦은 시간이었다. 피곤했지만 다음 날 아침 두 번의 예배에서 강의할 내용을 준비한 다음 잠이 들었다.

다음 날 아침 룸서비스로 주문한 식사를 마친 다음 요거트와 과일을 먹으면서 강의안을 다시 점검하던 중이었다. 문득 강의에 무엇인가를 더 추가해야 할 것 같았지만 정확히 무엇을 어떻게 해야 할지 감이 잡히지 않았다. 그때 가방에 누군가가 준 선물이 있다는 것이 생각났다. 그 선물을 찾기 위해 가방을 열었다.

가방의 옆주머니에 사각형의 작은 판지가 끼워져 있는 것이 보였다. 꺼내어 자세히 살펴보니 판지에는 작은 구리로 된 아기 신발 한 쌍이 핀으로 고정되어 있었다. 신발 아래에는 '사도행전 1장 8절'이라고 적혀 있었다. 무슨 내용이었는지 기억이 나지 않아서 호텔에 비치되어 있던 성경을 찾아보았다.

"오직 성령이 너희에게 임하시면 너희가 권능을 받고 예루살렘과 온 유대와 사마리아와 땅 끝까지 이르러 내 증인이 되리라 하시니라"

그 구절을 찾아보고는 다시 신발을 살펴보다가, 불현듯 주말 내내 수련회에 참가했던 어떤 남자의 얼굴이 떠올랐다. 왜인지는 모르겠으나 이 작은 신발 중 한쪽을 그에게 주어야겠다는 확신이 들었는데, 어이없다는 생각이 들어 그냥 떨쳐버리기로 했다. 내가 떠올린 남성은 장대한 체격의 소유자였다. 그런 사람에게 이런 작은 신발이 무슨 소용이 있을까? 그리고 정작 내가 이걸 건네준다면 그 사람은 어떻게 생각할까? 이 모든 과정이 얼마나 황당한 일인지는 둘째로 치고 말이다.

다시 강의준비로 돌아가려 했지만, 그 신발들이 자꾸 나를 집중하지 못하도록 방해하고 있었다. 마치 살아 있어서 스스로 움직이는 것처럼, 내가 자신들에 대해 무슨 일인가를 하지 않는다면, 방해하기를 멈추지 않을 것 같았다. 결국 나는 아침에 그 사람을 본다면 그에게 이 신발을 건네주리라 결심하고야 말았다. 첫 예배가 시작되기 직전에 교회에 도착했을 때, 나는 그와 그의 아내가 없는 것을 확인하고 마음이 놓였다.

예배 후, 결혼을 고민하고 있는 한 커플과 상담을 마친 뒤 서둘러 예배당으로 돌아갔을 때는, 두 번째 예배가 막 시작되려는 참이었다. 나는 앞쪽 좌석에 앉아 눈을 감고 있었지만, 늦게 도착한 사람들이 내 옆에 앉으며 교회 안이 분주한 것을 느끼고 있었다. 혼자 있고 싶었으나 그럴 수 없어서 답답한 기분이 들었지만, 무슨 고상한 이유가 있는 것은 아니었다. 내가 눈을 감았던 이유는, 집으로 돌아가기 위한 비행과 집을 수리하기 위해 꼭 필요한 2,500달러를 어떻게 구해야 하나 고민하고 있었기 때문이었다. 그토록 세속적인 이유에서였다.

오르간 반주가 예배의 시작을 알렸다. 나는 눈을 열어 오른쪽을 바라보았다. 내가 '만약 보게 된다면' 아기 신발을 주기로 마음먹은 그 사람이 바로 내 옆에 앉아 있었다. 나는 속이 울렁거리는 듯한 느낌을 받았다.

'아아, 내가 반드시 해야만 하는 일이었구나. 이렇게 바로 옆에 앉아 있다니, 우연 치고는 참 공교로운 일이다.'

하지만 내가 입을 열기도 전에 그가 자기 아내에게 고개를 끄덕이더니 작은 종이봉투 하나를 나에게 건넸다. 용기를 잃기 싫어서, 그에게 감사를 표하고 나 역시도 그에게 줄 것이 있다고 급히 말했다.

"이것부터 열어보세요."

그가 말했다. 종이봉투를 뜯자 안에는 주말수련회 동안 감사했다는 A4 용지 한 장에 '존과 주디 벤틀리'라고 서명이 되어 있었다. 그리고 또 다른 종이 한 장이 접혀 있었다. 접혀 있는 종이를 펼치자 2,500달러의 수표가 눈에 들어왔다.

나는 그를 물끄러미 쳐다보다가 고개를 돌려 그의 아내 주디를 쳐다보았다. 그가 입을 열었다. 아침에 그와 주디가 기도할 때, 나에게 수표를 건네야 할 것 같은 느낌을 받았다고 했다. 내가 부유한지 가난한지, 내게 이런 지원이 필요한지 아닌지 전혀 모르지만, 그런 것은 상관하지 않고 오로지 기도에 이끌려 수표를 발행하기로 결정했다고 한다. 처음에는 2,000달러를 적었지만, 수정해야 할 것 같은 느낌이 들어서 2,500달러로 바꿔 적었다는 것이다. 그것이 그가 아는 전부였다.

"저를 위한 것도 있다고 하셨죠?"

그가 말을 이었다.

하지만 예배가 막 시작되었기 때문에, 작은 아기 신발과 사각 판지를 그에게 전해주지는 못했다. 또한 그의 선물이 준 경이로움에 잠시 정신이 멍해져 있었다. 집중하기가 힘들어서 이 예배 전에 이미 강의를 한 번 했다는 사실이 너무 감사하게 느껴졌다. 예배가 끝나자마자 사람들과 인사를 나누고, 또 작별을 하느라 정신이 없었다. 이제 두 시간이면 집으로 돌아갈 것이다. 솔직하게 말하자면, 이렇게 정신없는 편이 존과 주디 벤틀리를 피할 수 있어서 다행이라는 생각도 들었다. 그들이 준 선물은 내게는 너무 큰 것이었다. 어떻게 충분하게 감사를 표시할 수 있을까? 뭐라고 말해야 할까?

마르시아와 그녀의 남편 오디는 함께 점심을 먹고 나를 공항으로 바래다줄 예정이었다. 시간을 확인한 마르시아는 떠날 시간임을 공지했고, 나는 내 짐을 챙기기 시작했다. 그때 마르시아가, 존과 주디 벤틀리에게 함께 점심식사를 하자고 제안했다. '결국은 이렇게 되는 건가!' 레스토랑에 도착해서 자리에 앉자마자 존의 시선이 나를 향했다. 내가 잊어버리길 바라고 있던 것을 그는 기억하고 있었던 것이다.

"저에게 줄 것이 있다고 하지 않으셨나요?"

그가 물었다. 별다른 선택지가 없었다. 나는 가방에서

아기 신발을 꺼내 이 건장한 남성에게 건넸다. 한 쌍의 신발을 선물로 받아 하나는 내 옷깃에 착용했고 다른 하나는 그에게 주어야겠다는 강렬한 느낌을 받았다고 더듬거리며 말했다. 잠깐 뒤에 판지 생각이 나서 판지에 적혀 있던 사도행전 1장 8절에 대해서도 말해주었다.

존은 카드를 만지작거리면서 감동한 듯 조용히 듣고 있었다. 마침내 그가 입을 열고 이야기해준 것은, 바로 사도행전 1장 8절이, 작년 남성수련회에서 그의 삶을 송두리째 바꿔놓은 구절이라는 것이었다. 그 구절 덕분에 그는 지금 기도와 기도의 응답에 귀를 기울이는 사람이 될 수 있었고, 성령의 인도를 따라 수표를 발행할 수도 있게 되었다고 하였다.

우리는 신발의 정확한 의미를 이해하지는 못했지만, 이 구절은 그리스도인에게는 의심의 여지 없이 매우 중요한 말씀이었다. 물론 존이 나에게 기부한 금액이, 정확히 내가 필요로 하는 금액이라는 것은 말할 것도 없었다. 하지만 우리 둘 모두 시간이 지나면 이 이야기의 모든 부분이 이해될 것이라는 점을 의심하지 않았다. 우리는, 우리의 삶이 돌이킬 수 없이 연결되어 있다는 것을 다시 한번 깨달은 상태로 작별인사를 했다.

……

모리 교수는 주의 깊게 내 이야기를 듣더니 깊은 생각에 잠겼다. 그리고는 나에게 그런 일들을 어떻게 설명할 수 있는지에 대해 물었다.

“주님의 영이지요.”

내가 대답했다. 다른 말로는 설명할 수 없었다. 그 어떤 일이 이토록 신비스럽고 우연적이며 아름답게 일어날 수 있을까? 모리 교수는 생각에 잠긴 채 고개만 끄덕였다. 나를 배웅하러 나올 때까지도 그는 내 이야기에 대해 깊이 생각에 잠겨 있었다.

시간이 흐를수록 모리 교수의 건강은 악화되어갔다. 다리의 힘이 눈에 띄게 약해져서 그는 지팡이에서 보행기, 결국에는 휠체어를 이용해야 했다. 그의 팔 근육이 점점 쇠약해지는 것이 눈에 보일 정도였다. 이런 질문이 계속해서 뇌리를 맴돌고 있었다.

‘이제 무슨 일이 일어날 것인가?’

그 무렵 내 친구 팻은 헬렌이란 여성과 함께 살고 있었다. 헬렌은 활기차고 아름다운 50대 여성인데 ALS 진단을 받았다. 팻의 추천으로 나는 댈러스에 가서 헬렌과 만나 모리 교수에게 어떤 일이 일어날지 알아보고자 했다.

ALS는 사람마다 다르게 진행된다고 한다. 헬렌은 삶이 얼마 남지 않았지만, 간신히 걸을 수는 있었다. ALS가 그녀의 상체부터 영향을 주기 시작했던 것이다. (모리의 경우에는 반대로 하체부터 진행되었다) 호흡과 말하는 것의 어려움에도 불구하고, 그녀는 다정하게도 나를 만나주었다. 어느 날 나는 그녀와 팻이 사는 집을 방문했다. 우리 셋은 근처 공원으로 소풍을 가면서 헬렌을 위해 유동식을 챙겼다. 헬렌은 더이상 음식을 씹을 수 없는 상태였다. 그녀는 내가 유동식이 담긴 컵을 입가로 대주는 것을 너그럽게 허락했다.

모리 교수는 주의 깊게 내 이야기를 듣더니 깊은 생각에 잠겼다. 그리고는 내가 그런 일들을 어떻게 설명할 수 있는지에 물었다. "주님의 영이지요."

ALS의 진행을 직접 보고나니 정신이 번쩍 들었고, 모리 교수 역시 내가 본 것을 듣고 싶어서 안달이 나 있었다. 그와 헬렌은 짧은 글들을 써서 교류하기 시작했다. 이 두 사람은 실제로 만난 적이 없었지만, 헬렌이 죽었을 때 모리 교수는 크게 낙담했다. 헬렌은 내가 그 병을 온전히 이해하지 못한다는 사실을 알고 있었지만, 그녀의 지지는 나에게 큰 힘이 되었다. 모리 교수처럼 그녀도 놀라운 정신력으로 자신의 병을 마주했다.

아이러니하게도 두 사람 모두 젊었을 때에 유달리 춤추는 것을 좋아했었다고 했다. 헬렌은 자신이 의자에 앉은 채 춤을 추는 방법을 배웠다는 것을 모리 교수에게 꼭 전해달라고 부탁했다.

"그에게 앉아서 춤추는 게 가능하다는 말을 전해주세요. 제가 매일매일 춤을 추고 있다는 사실도요."

모리 교수 역시 나중에 그 비밀을 스스로 알아냈다.

나는 어떤 대화나 요청도 다 받아주겠다는 마음을 품고 금요일마다 모리 교수를 만났다. 하지만 그가 "나를 위해 기도를 해 주게"라고 말할 줄은 전혀 예상하지 못했다.

"소리 내서요?"

내가 물었다. 그가 고개를 끄덕였다. 그리고 숨을 깊게 들이쉬었다. 우리는 출발지에서 멀리 떠나 있었다. 기도 후 그는 말을 거의 하지 않았다. 그렇지만 이 경험이 우리 둘 모두에게 영향을 준 것은 분명했다.

모리 교수는 대화가 끊어지지 않도록 항상 다음 질문을 준비해두는 편이었는데, 그 날은 조금 달랐다. 우리는 창문 너머 나무들을 조용히 바라보다가, 그의 안락의자 옆에 있는, 막 꽃을 피우려고 하는 히비스커스에 대해 이야기했다. 모리 교수는 그 꽃잎이 펼쳐지는 것을 생명의 기적에 대한 강력한 상징으로 받아들였다. 그는 조심스럽게 꽃봉

오리들을 살펴본 뒤 한 송이가 개화하기 직전이라고 알려주었다. 그리고 그 개화를 나와 함께 볼 수 있을지 궁금하다고 말했다.

그 다음 금요일, 모리 교수는 불교 명상을 도와주는 선생이 올 때 내가 함께 할 수 있는지 물었다. 모리 교수는 유대인이었지만 오랫동안 불교 수행을 해 왔다고 한다. 내가 바로 "네"라고 대답했더니 그가 조금 놀랍다는 표정을 지었다. 나중에 말해주기로는 내가 당연히 거절할 줄 알았다고 했다.

하지만 그 선생이 오기로 한 날 오후에 모리 교수는 발작을 일으켰다. 그런 일은 시간이 갈수록 더 빈번해졌다. 그 날처럼 심한 발작이 일어나면 치료사가 방문해서 모리 교수의 속에 쌓여 있는 가래를 뱉어내게 하려고 등을 오래 두드려주곤 했다. 모리 교수의 가슴 근육은 스스로 그런 현상을 해결하기에 너무 쇠약해져 있었던 것이다. 그가 도움을 받고 있는 사이에 나와 그 명상 선생은 거실에서 이야기를 나누었다.

나는 그녀에게 호감을 느꼈고, 모리 교수가 다시 우리를 볼 준비가 되었을 때는 그녀와 내가 이미 좋은 관계를 맺은 뒤였다. 그렇게 우리 셋은 즐거운 두 시간을 보냈다. 그

후에 모리 교수는 나와 그녀가 열띤 토론을 벌일 것으로 예상했다고 털어놓았다. (아마도 모리 교수는 그것을 원했을 것이다!) 하지만 분열이나 갈등은 없었고, 우리는 사랑으로 합의했다. 모리 교수는 우리가 각자의 문화를 뛰어넘어 공통의 관심사를 나누는 것을 보고 놀라워했다.

잘 죽겠다는 모리 교수의 결심이 그를 점점 변화시키고 있었다. 그 변화는 눈에도 보일 정도였다. 그는 하루하루가 중요하다는 것을 너무나 잘 알고 있었다. 어느 날부터인가 그가 나와 내 아버지의 소원한 관계에 대해 질문하기 시작했다. 나는 그 부분에 대해 이야기하는 것을 별로 좋아하지 않았지만, 모리 교수는 결국 이야기를 털어놓게 만드는 재주가 있었다.

그는 아들들과의 관계를 매우 중요시했기 때문에 나 역시 내 아버지와 그러한 친밀감을 느끼도록 해야겠다는 사명감을 가졌는지도 모르겠다. 어찌 되었든 내가 계속해서 발전하고 있는지 그가 꾸준히 물어봐 주었기에 나는 아버지를 방문하는 것을 멈추지 않을 수 있었다. 나와 모리 교수는 용서와 회복이라는 주제를 점점 더 자주 이야기하게 되었다. 아버지와 나의 관계에 대한 질문이 끝나면 모리 교수는 우리 가족을 앗아간 그 음주운전자를 만난 날의 이야기를 몇 번이고 다시 듣고 싶어했다.

잘 죽겠다는 모리 교수의 결심이 그를 점점 변화시키고 있었다. 그 변화는 눈에 보일 정도였다.

사고 후 7년이 지나서 그를 만나기는 했지만, 그 순간은 나에게 있어 매우 중요한 시점이었다. 그 운전자는 사고 당시 고속도로의 상태에 대한 민사재판의 증인으로 소환된 참이었다. 사고 이후 나는 그를 한 번도 만나본 적이 없었다. 7년 동안 용서하려고 애쓴, 아니 용서하려는 마음이라도 가지려고 노력했던 덕분인지 그 날의 만남은 강렬했다. 그 만남은 용서가 나를 해방시켜 줄 뿐 아니라 사랑의 가장 고귀한 표현 중 하나임을 가르쳐준 단호한 교훈과도 같았다.

모리 교수와 내가 용서를 통해 아버지와의 관계를 회복하는 것에 대해 이야기를 나누던 중이었다. 뜻밖의 상황이 펼쳐졌다. 우리가 그동안 나누었던 내용 중 하나에 대해 (나는 그의 질문에 지나칠 정도로 솔직하게 대답해왔다) 그가 꼬집는 듯한 어조로 말을 한 것이었다. 아마도 웃자고 한 말이었겠지만 나에게는 꽤나 아프게 느껴지는 말이었다.

내 속에서 무언가가 움츠러드는 것만 같았다. 나는 별

다른 대꾸를 하지 않았지만 사무실에 돌아와서도 그가 한 말이 머릿속을 떠나지 않았다. '저런 말이나 듣고 상처받자고 내가 그를 만나 왔나?' 하는 생각이 들었다. 크게 상처받았기에 앞으로 금요일 방문을 그만둘까 싶기도 했지만, 내 친구이자 꾸준한 기도 동역자인 에디가 나에게 한 번만 다시 모리 교수를 만나러 가라고 권했다. 그 시간 동안 자기가 기도하고 있겠노라는 약속도 덧붙이면서 말이다. 나는 그의 현명한 조언을 들은 것을 항상 감사하게 여기고 있다.

> 나와 모리 교수는 용서와 회복이라는 주제를 점점 더 자주 이야기하게 되었다.

모리 교수와의 다음 만남은 상담치료를 하기로 한 날이었다. 그가 문을 열었다. 그리고 어두운 표정으로 손을 내밀고는 "아무 말도 하지 마시게. 제발, 부탁일세"라고 말했다. 그리고는 우리가 금요일마다 만나는 방으로 걸어갔다. 그 방에 들어섰을 때, 그는 내가 한 번도 본 적이 없을 정도로 펑펑 울기 시작했다. 이윽고 울음을 조금 멈추더니 그는 "내가 무슨 짓을 했는지 잘 아네"라고 겨우 말했다. 이렇게 단순히 그의 말을 적어두는 것만으로는 그 날의 강렬함이 잘 전달되지 않을 것 같다. 그는 같은 말을 계속해서 반복했다.

"내가 무슨 짓을 했는지 아네."

지난 주 금요일에 내가 그의 집을 떠나자마자 모리 교수는 자신이 선을 넘었다는 사실을 깨달았다고 고백했다. 하지만 단순한 통찰은 아니었다. 마치 여태까지 그가 했던 모든 말의 영향력을 인지하게 된 것 같은 경험을 했다고 밝혔다. 그가 말을 이었다.

"우리는 서로 상처를 주네. 사랑할 수 있지만 꼭 그것을 선택하지는 않는다는 말일세."

그러한 이치를 깨닫게 되자 모리 교수는 자신이 한 행동들이 너무도 무겁게 다가와서 감당하지 못할 수준에 이르렀다고 했다.

나는 평생 누군가가 이렇게 깊이 잘못을 고백하고 반성하는 모습은 본 적이 없었다. 그가 나에게 용서를 구하면서 한번 더 기회를 달라고 간청했고, 나는 기꺼이 그것을 승낙했다. 내가 직접적으로 연관되었다는 점을 제외하더라도, 모리 교수의 그 경험은 아주 강력한 것이었다. 그 때의 내 기분을 설명할 수 있는 것이라고는 C.S. 루이스의 "천국과 지옥의 이혼" 마지막 장에 나오는 이야기밖에 없을 것 같다.

그 책에서는 지옥 거주민 한 무리가 천국으로 당일 여행을 떠난다. 그들은 천국에서 은으로 만든 탁자 위에 놓인 체스판을 보게 된다. 화자는 독자들에게, 탁자가 시간을 상징한다는 것을 알려준다. 체스 말과 같은 모형들이 판 위에서 여기저기 돌아다니는 것은 자기 일로 바쁜 삶을 사는 사람들을 상징한다. 탁자 옆에서는 C.S. 루이스가 '위대한 존재'라고 부르는 형태들이 서서 그것을 지켜보고 있다. 각 '존재'들은 체스 말 모형들의 실체와 같은 영혼으로 판 위에 정신이 팔린 작은 모형들에게 손을 뻗고 있다.

그 날 오후 모리 교수의 말을 듣고 있자니 '위대한 존재'가 마침내 모리 교수에게 닿은 것 같은 느낌이 들었다. 그 일이 있은 지 벌써 10년 가까이 지났지만, 그 경험의 강렬함은 아직도 내게 남아 있다. 단순하게 보자면 모리 교수는 그의 마음이 관통당하듯이 자신의 행동과 그 결과를 깨닫게 된 것이었다. 하지만 그것 이상으로, 그의 중심에 스며든 어떤 깨우침이 그를 본질적으로 변화시키는 것을 나는 그날 알 수 있었다. 모리 교수는 그 순간부터 마치 다른 사람이 된 것 같았다. 동정과 연민이 그의 마음을 덮기 시작했다.

나를 놀라게 하는 데 고수가 된 모리 교수가 그 다음 주 금요일에는 그리스도의 능력에 대해 내가 알고 있는 모든 것을 이야기해달라고 부탁했다.

"책이나 성경에 적힌 내용은 원하지 않네."

그가 주의를 주었다.

"자네가 개인적으로 경험한 내용들을 말해주게."

내가 이런저런 이야기를 하는 동안 모리 교수가 갑자기 울기 시작했다. 자기도 모르는 사이에 눈물이 그의 뺨을 타고 흘러내렸다. 그는 당황스러워했다.

"내가 왜 우는지 모르겠구먼. 자네 말을 믿지도 않고 또 감동을 받고 싶은 마음도 없는데 말일세. 대체 왜 눈물이 나는 걸까?"

"우리는 서로 상처를 주네. 사랑할 수 있지만 꼭 그것을 선택하지는 않는다는 말일세." 그러한 이치를 깨닫게 되자 모리 교수는 자신이 한 행동들이 너무도 무겁게 다가와서 감당하지 못할 수준에 이르렀다고 했다.

사실 나도 확신은 없었지만, 이렇게 말해주었다. 우리 속 깊숙한 곳에 숨겨진 영혼이 우리가 의식하지 못하는 진실을 알아보는 것이라고. 우리가 스스로 설치한 벽과 한계들, 우리의 두려움과 거부, 그리고 영혼을 이름이나 또는 어떤 신념에 가두려는 태도에도 불구하고, 우리 안에는 그런 모든 이름과 정의를 초월하는 깨달음이 있어서, 우리 마음이 미처 알지 못하는 것들에 대해 반응하는 거라고.

그쯤에서 대화를 멈추고 나는 첫눈을 맞으며 사무실로 돌아왔다. 오는 길에 모리 교수가 요청했던 대로 우리가 인간으로 살아간다는 것이 대체 무엇인지에 대하여 소통하고 있다는 생각이 들었다. 우리는 삶의 의미를 찾고 있었고, '살아 있다는 것은 무엇인가?' 하는 질문을 던지고 있었다. 인간의 본능이 우리가 가진 유일한 본질인가? 다른 것이 모습을 드러내려고 하지는 않는가? 우리에게 주어진 삶에서 우리는 무엇을 해야 할 것인가? 어떻게 살 것인가? 우리는 어떤 한계를 뚫고 나아가려고 하는가? 얼마나 더 넓은 시야로 세상을 보려고 하는가?

죽음의 그림자는 언제나 우리 곁에 있다. 나는 모리 교수의 집을 드나들며 잠깐이나마 그의 병을 잊고 지냈지만, 그 병은 계속 그 자리에 있었다. 그는 곧 죽을 것이라는 변함 없는 현실과 함께 살고 있었다. 일상생활에서 그는 편한 자세를 취하는 것이 점점 더 어려워지고 있었다. 근육이 위축되고 사지를 움직일 수 없게 되면 고통이 줄어들 줄 알았지만 실제로는 그렇지 않았다.

때로는 건강보호사들이 솜이나 양모 쿠션을 사용해서 그가 고통을 덜 느끼도록 도와주었다. 그들에게 부축을 받아 자세를 바꾸는 동안에도 그는 기다리고 있는 나에게 늘 사과를 건네곤 했다. 곤경에 처한 와중에도 남들에게 계속

신경을 쓰는 그의 모습은 참으로 놀라운 변화가 아닐 수 없었다.

그 겨울의 어느 날 오후, 나는 눈을 맞으며 모리 교수의 집으로 걸어갔다. 시간당 약 2.5cm의 눈이 내리고 있었고, 사무실에서 그의 집까지는 30분 정도가 걸렸기에, 나는 눈으로 하얗게 뒤덮인 상태로 그를 만날 수밖에 없었다. 내가 코트를 걸고 모자와 장갑에서 눈을 털어내는 동안, 모리 교수는 차에서 내려 집으로 들어오는 그 짧은 시간 동안 어떻게 그렇게 눈을 많이 맞았느냐고 물었다.

그는, 내 딸이 방과 후 연극 연습을 해야 하기 때문에 차가 필요해서, 내가 항상 걸어온다는 사실을 그때 처음 알게 되었다. 모리 교수는 매우 놀란 것 같았다.

"내가 부탁했다는 이유만으로 일 주일에 두 번씩이나 여기까지 걸어왔다는 말씀이신가? 단지 사랑의 마음으로?"

나에게는 그리 대수롭지 않은 일이었지만, 모리 교수의 눈은 다른 말을 하고 있었다. 나중에 그는, 우리가 나누었던 어떤 대화보다 더 내가 그를 만나기 위해 매번 3.5km를 걸어온다는 사실에 더 감동받았다고 말했다.

어느 금요일, 모리 교수는 나에게 상처를 극복하면서 고비를 어떻게 넘길 수 있었는지 물어보았다. 변화해야 하는 내 삶을 온전히 받아들이기 시작한 것이 언제였는지 묻는 말이었다. 나는 어깨를 으쓱 하고는, 딱 짚어서 설명하기는 어렵고 그저 꾸준하게 진행되는 과정이었다고 대답했다. 시간이 많이 지난 지금은 더더욱 그러했다. 그는 내 눈을 인상 깊게 들여다보더니 "난 지금 죽어가고 있네. 집에 가서 더 생각해 보고 분명한 대답을 찾아서 와주시게"라고 말했다.

그렇게 강력한 요청을 거절할 수 없어서 집에서 이것저것을 찾아보았다. 오래 된 일기장들을 뒤지던 중, 그가 원하는 열쇠를 찾았다. 나에게 주어진 상황을 정확히 인식하고 그 속에서 선한 것을 찾으려는 의지가 생겼을 때, 진정한 받아들임과 회복이 시작되었다. 아픈 기억들과 내가 원하는 미래에 대한 집착을 놓는 순간부터 나는 내 삶을 받아들일 수 있게 되었다. 모리 교수가 집중해서 듣더니 내게 물었다.

"나에게는 어떻게 적용될 수 있다고 생각하시는가?"

나는 그 질문을 할 것을 예상하고 있었기에 그 답변도 준비해 두었다. 모리 교수의 기억들은 그에게 소중한 시간들에 대한 추억일 뿐 아니라 온전한 신체를 가지고 있었을 때의 기억이기도 하다. 나는 우리가 함께 인간의 몸으로 살아가는 동안 경험했던 삶을 모든 감각을 통해 기념하는 것이 어떻겠느냐고 제안했다. 우리는 그가 활발히 움직일 수 있었던 시기에 대해 이야기를 나누었고, 나는 그가 자신의 경험과 이런저런 일들을 기억하는 것을 도와주었다.

모리 교수가 그런 기억들을 감사함과 사랑으로 떠나보낼 준비가 될 때까지, 우리는 그러한 능력과 경험의 상실을 함께 애도했다. 모리 교수에게 매우 잘 어울리는 과정이었다. 그는 움켜쥐었던 것을 조금씩 놓기 시작했다. ALS에 가장 먼저 영향을 받은 부위가 발과 다리였기에, 우리는 그 부분에서부터 시작했다. 먼저 내가 질문을 던졌다.

> 나중에 그는, 우리가 나누었던 어떤 대화보다도 내가 그를 만나기 위해 매번 3.5km를 걸어온다는 사실에 더 감동받았다고 말했다.

"당신을 어디든지 데려다줄 수 있는 발을 가진 인간으로 사는 삶은 어떠했나요? 춤을 추는 것은요? 등산을 하는 것은요? 달리는 것은? 아름다운 곳을 산책하는 것은 어땠나요?"

모리 교수는 건강했던 때를 떠올릴 때마다 눈물을 흘렸다. 그는 걷고 자유롭게 움직일 수 있는 능력이 엄청난 선물이라는 것을 깨달아가면서, 자신이 갔던 모든 곳과 즐겁고 아팠던 추억들을 나누었다. 그의 이야기를 들으며 나는 코 앞에 닥친 죽음과 상실로 인해 날카로워진 그의 눈을 빌려 내 삶을 돌아보았다. 모리 교수는 이야기를 하고, 울고, 추억하다가 마침내 이렇게 말했다.

"나는 그런 즐거움을 누릴 수 있었다는 점에 감사하네. 이제 그런 경험들이 더이상 내 것이 아니라는 사실을 받아들이기로 했네. 감사하며 그것을 놓아주려고 하네."

한 주에 감각 하나씩 모리 교수는 삶의 선물들에게 작별을 고했다. 그의 두 손.

'어디에 있었는가? 무엇을 잡고 만졌는가?'

그는 손길을 통해 회복하고 사랑을 표현할 수 있는 가능성을 명확하고 강렬하게 느끼고 있었다. 그가 색다른 질문을 던졌다.

'내 손이 만지지 못한 것은 무엇인가?'

이 질문에 대한 답은 이전에 나에게 꼬집는 투의 말을 해서 상처를 주었던 때처럼 강렬하게 그에게 다가왔다. 자신의 손을 마음대로 움직일 수 없게 된 이 사람은, 자신이 손을 뻗어 닿을 수 있었던 기회를 한번이라도 놓친 적이 있었는지, 있었다면 왜 그랬었는지 고민하기 시작했다.

그런 식으로 대화에 몰입하다보니 살아 있다는 것이, 짧은 시간 동안이지만 인간으로 존재한다는 것이, 서로의 피부를 만지고 생명을 만진다는 것이, 서로를 품에 안는다는 것이 얼마나 놀라운 축복인지 새롭게 깨달을 수 있었다. 더욱 놀라운 점은 인간으로서의 그러한 경험의 본질이 결국 나 자신에게 달려 있다는 사실을 깨닫는 것이었다. 무엇이 나를 주도하게 할 것인가? 분노? 고집? 두려움? 자기방어? 아니면 사랑? 모리 교수는 "원하는 것을 고르셔야 한다네"라고 말했다. 그는 자신이 죽을 방법을 고르는 데에 여념이 없었다.

한 주에 감각 하나씩 모리 교수는 삶의 선물들에게 작별을 고했다.

그는 이제 자신의 말을 듣지 않는 두 손을 내려다보며 큰 감사를 표하고는 떠나보냈다.

이번에는 청각을 내려놓을 차례였다. 새가 지저귀는 소리와 누군가의 다정한 목소리, 사랑하는 이의 익숙한 억양, 음악. 모리 교수는 푸치니의 곡을 크게 틀어놓고는 그 소리의 아름다움과 쏜살같이 지나가 버린 시간들 때문에 울었다. 다음으로 마리아 칼라스의 '나비 부인', 비발디의 '사계'를 들었고, 이런 달콤한 소리를 들을 수 있는 인생이 턱없이 짧다는 사실 때문에 울었다. 그는 듣고 추억하다가 마침내 이렇게 말했다.

"나는 들을 수 있었음에 감사하네. 참으로 엄청난 선물이었네. 이제 감사하며 놓아주어야겠어."

시력. 모리 교수의 서재에는 히비스커스가 화분이 하나 있었다. 이전에는 별로 관심이 없었지만, 지금의 그에게는 더없이 아름다운 특별한 꽃이었다. 걸을 수 있었을 때 그는 자연에 관심을 두지 않았다. 하지만 그의 시야가 창문 너머와 집 안으로 들여올 수 있는 것들로 한정되자, 본다는 것을 새롭게 느끼기 시작했다. 그는 눈이 오는 것을 한 번 더 볼 수 있을지 궁금해했다. 그리고 사람들의 얼굴을 새로운 시각으로 보려고 했다.

무엇이 나를 주도하게 할 것인가? 분노? 고집? 두려움? 자기 방어? 아니면 사랑? 모리 교수는 "원하는 것을 고르셔야 한다네"라고 말했다. 그는 자신이 죽을 방법을 고르는 데에 여념이 없었다.

우리가 미각을 애도할 즈음에 모리 교수는 음식을 삼키는 것이 어려워졌다. 텍사스에서 만났던 헬렌처럼 그는 오직 유동식만을 목으로 넘길 수 있었다. 하지만 모리 교수는 매우 창의적인 방법으로 우리의 여정에 접근했다. 스스로 맛을 볼 수 없었기 때문에 그는 나에게 티라미수 케익을 대신 먹어달라고 요청했다. 한 사람이 일생 동안 맛볼 수 있는 것들을 이야기하다보니 저절로 웃음이 나왔다. 모리 교수는 많은 맛을 사랑했다. 예를 들어 잘 요리된 오리고기와 감자 요리. 같이 놓고 보니 너무나도 어울리지 않는 것들이기에, 우리는 눈물이 날 정도로 웃었다. 그는 이 선물에 대해 감사하며 미각을 내려놓았다.

다음으로 후각. 모리 교수는 연노랑색 장미와 진달래 향기에 대해 이야기했다. 혹시라도 자신의 말이 고상하거나 감성적으로 들릴까봐 일부러 악동과도 같이 날카로운 위트와 유머, 불경함을 섞었다. 이런 가슴 아픈 추모와 애도로 가득한 어느 금요일, 모리 교수는 나에게 수많은 요구사항을 쏟아놓았다.

"지금 당장 문을 좀 닫아주게. 이걸 좀 옮기고 저걸 고쳐주게. 이제 여기 앉아보시게."

참을 만큼 참았다는 생각이 들어서 나는 그에게 불평을 했다.

"교수님, 아직도 저한테 이래라 저래라 하시는군요."

그는 오른쪽 눈썹을 치켜올리면서 여기저기로 시선을 돌렸다. 그리고 고개를 옆으로 기울이더니 강조하듯이 말했다.

"그걸 따라주고 계시지 않은가!"

모리 교수다운 대답이었다.

그 모든 추억을 나눈 후, 우리는 이 여정을 기념할 만한 선물을 서로 주고받기로 했다. 나는 스콧과 함께 산책하던 아주 특별한 그 시절에 만든 구슬 팔찌를 주었고 또 스콧에 대해 많은 이야기를 해주었다. 그의 눈가가 촉촉해졌다. 어린 소년의 손에서 나이 많은 노인의 손으로 옮겨진 구슬 팔찌를 보면서 나 역시 감회에 젖었다. 나는 두 사람 모두와 삶을 공유하는 행운을 누리고 있었다. 모리 교수가 나에게 준 선물은 그의 책장에서 나왔다. 애지중지 보관하던, 손때가 묻은 마르틴 부버의 "나와 너", 인간과 초월적 신의 관계를 다룬 책이었다.

그때에 나는 네 번째 책을 집필중이었는데, 바로 텍사스 주 남부 사막에서 비전을 찾아 떠났던 여정을 다룬 "마음 여행"이었다. 모리 교수는 계속 나를 재촉했다. 그는 나의 네 번째 책을 몹시 읽고 싶어했고, 혹시라도 책이 출판되기 전에 자기가 먼저 떠나게 될까 봐 조바심을 내고 있었다. 평소의 모습으로 돌아간 것처럼 그는, 혹시 모르는 일이니 자기 집으로 원고를 가져와서 읽어달라고 강력하게 요청했다. 따로 날짜를 잡아서, 나는 모리 교수에게 아직 편집되지 않은 원고를 읽어주었다.

내가 황야에서 나 자신과 나의 두려움을 마주할 때, 홍관조 한 마리가 친구가 되어 나를 안내해주는 이야기였다.

3일 밤낮 동안 계속 내 앞에 초자연적인 모습으로 나타난 그 새는, 나에게 신의 존재와 보호하심에 대한 의심의 여지 없는 증거가 되었다. 낭독을 끝내자, 모리 교수는 의심스럽다는 표정을 지었다. 폭풍우가 지나고 그 새가 기묘하게 나타나는 부분을 읽었을 때에 그가 눈물을 흘렸었기에, 모리 교수의 반응은 의외였다. 끊임없이 의심하는 과학자와도 같이 마침내 그가 나에게 물었다.

"그러한 일들이 정말로 의미가 있다고 믿는가? 그저 우연일 수도 있지 않겠는가?"

모리 교수가 나에게 준 선물은 그의 책장에서 나왔다. 애지중지 보관하던, 손때가 묻은 마르틴 부버의 "나와 너", 인간과 초월적 신의 관계를 다룬 책이다.

와우! 멋진 순간이었다. 나는 창문 쪽으로 몸을 돌렸다. 모리 교수의 시선이 내 시선을 따라왔을 때, 그는 내가 10분 전부터 보고 있던 것을 보게 되었다. 홍관조 한 마리가 창문턱에 앉아 우리를 쳐다보고 있었다. 홍관조의 등장 부분을 읽고 있을 때 실제로 홍관조 한 마리가 우리 앞에 나타난 것이다. 모리 교수도 이 일을 매우 인상 깊게 받아들이는 듯했다.

"강물을 밀어붙이지 말라."

내 친구 리처드 로흘의 말이다.

"영혼보다 앞서나가려 하지 말라. 어딘가로 가는 것이, 무언가를 일어나게 하는 것이 목적이 아니다. 이미 주어진 선물들과 조화를 이루는 것, 당신의 삶에 빠지는 것이 바로 당신의 목적이다."

나는 모리 교수가 자신의 삶에 빠져드는 것을 지켜보았다. 어머니를 데려간 신에게 분노한 반항심 가득한 9살 소년이, 마치 과학자의 확신과 같이 '신을 찾으려는 노력은 자아를 지키기 위한 필사적 시도일 뿐'이라고 믿었지만, 긴 여정 끝에 노인이 되자 '사랑 외에 중요한 것은 아무 것도 없다'고 선언하는 모습으로 바뀌어나가는 과정을 나는 직접 목격했다. 모리 교수는 본질적으로 중요하지 않은 것들을 조금씩 포기하면서, 인간의 존엄성은 인간 내면으로부터 흘러나오는 것임을 배워가고 있었다.

나이트라인의 테드 코펠과의 마지막 인터뷰에서, 모리 교수는 자신의 철학을 다음 단어들로 요약했다. 연민, 사랑, 책임감 그리고 자각. 우리는 이런 것들을 너무 늦게 배운다. 모든 것을 우리가 원하는 모습이 아니라 있는 그대로 볼 수만 있다면! 작가 스티븐 레빈의 말이 떠올랐다.

"우리는 우리를 자유롭게 할 수 있는 것들을 쉽사리 묻어버리곤 합니다."

가장 중요한 놓아줌은 물론 궁극적으로 생명을 놓아주는 것이었다.

"자네라면 어떻게 접근하겠는가?"

모리 교수가 물었다. 하지만 나는 알 수 없었다.

"어떻게 실험해볼 수 있는 게 아니잖아요."

내가 대답했다.

"아직 시간이 있다고 믿고 있는 동안에는 죽음의 절박함을 상상할 수 없을 걸세."

평소의 성품대로 모리 교수가 계속해서 밀어붙였다.

"글쎄요."

나는 조심스럽게 말을 이었다.

"제가 뒤로 넘어질 준비가 되었다면, 두 팔을 벌려 저를 받아줄 누군가의 품을 생각할 것 같은데요."

"자네는 자신이 갈 준비가 되는 때를 정할 수 있다고 생각하는가?"

"그렇지 않을까요? 그렇게 한 사람들이 꽤 여럿 있으니까요. 무언가에 집착하지 않고 놓을 준비가 되었다면, 그렇게 하지 못할 것도 없잖아요?"

모리 교수는 생각에 잠겼다가 갑작스럽게 이렇게 질문했다.

"누구의 품으로 넘어진다는 말인가?"

나는 웃음이 나왔다. 그는 끝까지 신학에 대해 논쟁할 생각이었다. 하지만 그것이 모리 교수다운 그만의 특이한 점이었다. 조심스럽게 단어를 선택해가며 내가 말했다.

"누구의 품인지 머리로 아는 것은 문제가 되지 않아요. 당신의 영혼이 이미 알고 있으니까요. 솔직히 이름은 그렇게 중요한 것 같지 않아요. 그 품으로 넘어지는 것은 쉽지 않은 일이니까요."

그는 더 알고 싶어했다.

"내가 인정한 적도 없고 알아보지도 못한 이름일지라도, 여전히 그 품에 나를 받아줄 것이라고 생각하는가?"

나는 숨을 크게 들이쉬고 짧게 대답했다.

"네, 그렇게 생각해요. 그럴 거예요."

가장 중요한 놓아줌은 물론 궁극적으로 생명을 놓아주는 것이었다. "자네라면 어떻게 접근하겠는가?" 모리 교수가 물었다.

모리 교수는 애매하게 끝내는 법이 없었다. 그는 집요했다.

"왜 그런가?"

"왜냐하면 뒤로 넘어지는 순간에 마음이 완전히 열리고 온전히 그 품을 신뢰해서 마침내 주님께 모든 것을 맡길 수 있으니까요."

그 후로도 모리 교수는 몇 번이나 두 팔 벌린 이의 품에 넘어지는 것에 대하여 내게 물었다. 내가 이야기를 시작하면 그는 항상 눈을 감곤 했다.

"잠에 든다고 생각해보세요. 모든 것을 놓는 거예요. 당신을 막을 것은 아무 것도 없어요. 놓을 수 있다면, 누군가가 당신을 잡아줄 거예요."

11월의 어느 목요일 저녁, 마지막으로 모리 교수를 찾아갔다. 그의 가족이 나에게 연락하여 그가 점점 위독해지고 있음을 알려주었다. 내가 들어서자 병실 침대에 누워 있던 모리 교수가 천천히 한쪽 눈을 떴다. 내가 손을 뻗어 그의 손을 잡자 그가 병약한 미소를 지었다.

"그 이야기를 들려주게."

그가 입모양으로만 말했다.

그의 말이 잘 들리지 않았지만, 워낙 자주 요청한 내용이었기에 나는 그가 무엇을 원하는지 알고 있었다. 나는 그에게 다시 한번 그 이야기를 들려주고, 그가 잠이 들 때까지 옆에 앉아 있었다. 간병인이 돌아왔을 때, 나는 마지막으로 돌아서서 그를 바라보았다. 그의 마지막 잠은 혼수상태로 이어졌고, 그렇게 모리 교수는 토요일 아침에 우리 곁을 떠났다. 그가 바라던 대로 고요하고 평화롭게.

그의 장례식은, 그가 열정적이고 활력 넘치게 강의를 하던 브랜다이스 대학에서 치러졌다. 그에게 가르침과 안내를 받았던 수많은 젊은이들이 찾아와 애도를 표시했다. 그의 아내가 나에게 부고를 전했을 때 나는 코네티컷에 있었으므로, 차를 타고 가며 감정을 정리할 시간이 두 시간 정도 있었다. 모리 교수는 나에게도 도전을 요구했었다. 내가 규율을 깨뜨릴 수 있도록, 다가오는 죽음을 그의 눈을 통해 함께 볼 수 있도록 내 등을 떠밀었었다. 내가 그에게 느낀 마지막 감정은 감사함이었다.

> 그 후로도 모리 교수는 몇 번이나 두 팔 벌린 이의 품에 넘어지는 것에 관하여 내게 물었다. 내가 이야기를 시작하면 그는 항상 눈을 감곤 했다.

모리 교수의 인생이 격변하기 시작하면서 유명세를 탈 무렵, 그와 나는 중요한 대화를 나누었다. 그는 막 테드 코펠과의 나이트라인 인터뷰 3편의 녹화를 마친 상태였고, 그에 대한 반응은 엄청났다. 나이트라인 덕분에 미치 앨봄이 모리 교수의 삶에 다시 등장하여 화요일마다 그와 만나 죽음과 그 과정에 대한 책을 쓰기 시작했다. 이 모든 일이 일어나고 있는 동안, 모리 교수는 나를 앉혀놓고는 할 말이 있다면서 입을 열었다.

모리 교수는, 많이 고심한 끝에 하는 질문이니 정직하게 대답해달라고 부탁했다. 그와 내가 함께 한 여정을 비밀로 해도 되겠느냐는 것이었다. 인터뷰와 미치 앨봄의 책에서도 언급하지 않고 말이다. 물론 우리의 상담치료는 철저히 비밀을 유지할 것이었다. 문제는 그것이 아니라 금요일 미팅이었다. 그는 자신이 죽고 나서 그 여정의 내용을 다른 이들과 공유하고, 위로와 안내가 필요한 이들에게 우리의 경험이 도움이 되기를 바랬다. 하지만 자신이 살아 있는 동안에는 그 여정을 남들과 이야기하고 싶지 않다고 했다.

이미 그의 인생은 머리 끝부터 발 끝까지 대중에게 알려진 참이었다.

"이것마저 남들에게 알려지고 나면 동일한 진정성을 유지할 수 있을지 모르겠네. 나에게만 남아 있는 무언가가 필요하다네. 드러내놓지 않고 살아갈 수 있는 그런 어떤 것 말일세."

나는 이해했고, 그의 제안을 승낙했다. 언젠가 우리가 적어나가는 내용이, 출판되기를 바라며 쓰는 일기와 비슷하다는 생각이 들었던 적이 있었다. 내용이 드러나는 순간 그 진정성은 위협받을 것이다.

모리 교수는 나에게도 도전을 요구했었다. 내가 규율을 깨뜨릴 수 있도록, 다가오는 죽음을 그의 눈을 통

해 함께 볼 수 있도록 내 등을 떠밀었었다. 내가 그에게 느낀 마지막 감정은 감사함이었다.

지난 10년간 이런저런 자리에서 나는 모리 교수와 나누었던 '인간다움'의 대화를 때때로 이야기했는데, 그때마다 강렬한 반응을 받았다. 모리 교수는 우리 모두가 걷는 길을 걸었고, 그가 마주한 선택지는 누구나 경험하는 것이었다. 우리는 우리의 마음을 얼마 만큼 오픈할지 스스로 결정한다. 삶이 유일무이한 선물인지 아닌지를 결정하고, 실망과 상실에 대해 얼마나 품위 있고 온전하게 대응할 것인지 또는 변할 수 없는 것들을 포기하고 받아들일 것인지 결정한다.

모리 교수는 자기 내면의 문턱을 앞에 두고 그 문턱을 지나 더 깊은 사랑에 도달하려고 하였다. 그 이야기를 쓰다보니 지금 나의 이 행동이, 내가 지켜보던 모리 교수의 행동과 똑같다는 것을 깨닫게 되었다. 나 역시 놓아주려고 노력하고 있다. 이번에는 우리 둘 다를 위해.

제3부

별 말은 하지 않았지만

9. 아버지의 탁자에 놓인 삶, 차, 그리고 죽음

모리 교수가 나를 그토록 격려했기 때문에, 나는 더 자주 아버지를 방문하게 되었다. 그의 목소리가 지금도 내 귀를 맴돌고 있다.

"너무 늦기 전에 지금 당장 해결하시게."

어느 저녁이 유달리 가슴 아프게 기억난다. 아버지는 다음 날 수술이 잡혀 있었다. 나는 아버지와 함께 하루를 보내고 내일 아침 병원으로 함께 가기 위해 방문한 참이었다. 한밤중에 아버지가 일어나 돌아다니는 소리를 들었다. 잠이 들지 못한 모양이었다. 나는 아래층으로 내려가 부엌 앞에 조용히 서서 아버지를 쳐다보았다. 아버지는 부엌 탁자 옆에 서서 오른손을 탁자 끝부분에 올려놓은 채 기대어 있었다. 내가 온 것을 눈치채지 못한 듯해서 나는 조용히 어둠 속에서 아버지를 바라보고 있었다.

그는 키가 작았고 머리가 좀 벗겨졌으며, 예전에 코뼈가

부러진 후 제대로 치료를 받지 않아 코가 특이하게 휘어져 있었다. 손은 작고 두꺼웠지만 가벼운 손길로 능숙하게 피아노를 연주하곤 했다. 연주할 때마다 그의 시선은 저 먼 곳을 바라보는 듯했고, 눈빛은 어둠에 잠겨 깊은 심연을 들여다보는 것 같았다. 나는 아버지가 무슨 생각을 하는지 잘 알 수 없었다.

그날 밤 그는 깊은 생각에 잠겨 있었고, 나는 그가 무슨 생각을 하는지 궁금했다. 아버지는 탁자 끝쪽에 있는 큰 창문으로 걸어가더니 고개를 들어 달을 쳐다보았다. 저 달을 아버지가 24시간 후에도 볼 수 있을까 스스로 질문해보면서, 아버지도 같은 질문을 던지고 있을지 궁금했다. 갑자기 아버지가 거실 쪽으로 움직여서 나는 어둠 속으로 뒷걸음질쳐 살짝 숨었다. 아버지는 오른쪽 벽을 가득 채운 커다란 책장 앞에 멈추어 서더니 자식들과 손자들의 사진 액자를 집어들고 하나씩 꼬옥 품에 안았다.

슬프고 마음이 불편한 순간이었다. 난 이미 모리 교수의 삶과 죽음의 고통을 함께 하고 있었다. 이제 아버지가 자신의 필멸성을 마주하는 것을 보아야 하다니. 차라리 모리 교수와는 이전에 얽힌 것이 없었기 때문에 조금 더 쉬웠다. 아버지와는 복잡하게 얽히고 꼬인, 억울함과 오해로 가득한 역사가 있었다.

무슨 이유에서인지는 몰라도, 아버지는 인정과 사랑을 표현하는 일에 매우 어려움을 겪는 듯했다. 우리는 그 감정들의 혼란과 긴장감 사이에서 살아야 했다. 그런 감정들이 무엇인지도 몰랐고 눈에 보이는 것도 아니었기 때문에, 우리는 아버지의 내면세계와는 단절된 채로 살아왔다.

그리고 오늘 이 한밤중에 나는 늘 궁금했던 것을 다시 한번 생각하고 있는 자신을 발견했다. 아버지는 무슨 감정을 느끼고 있을까? 어떻게 해야 아버지와 나 사이의 틈을 메울 수 있을까? 그의 내면에 숨겨져 있는 진실에 닿을 수 있는 방법이 없을까? 나는 막 도착한 것처럼 모습을 드러낸 다음 아버지에게 차나 한잔하면서 얘기를 나누겠느냐고 물어보았다.

아버지가 고개를 저었지만, 그도 나도 움직이지 않았다. 우리는 옆으로 나란히 서서 같은 방향에 있는 책장을 함께 바라보고 있었다. 나는 조심스럽게 손을 들어 아버지의 어깨를 어루만졌다. 아버지가 여전히 움직이지 않았으므로 그의 등을 주물러주기 시작했다. 손바닥이 만들어내는 작은 원형의 움직임들, 어렸을 때부터 지금까지 내 일생의 동경이 담긴 작은 흔적들이 그가 입은 가운 위에 그려지고 있었다. 그는 반응하지도, 그렇다고 피하지도 않았다. 최소한 혼자가 아니었다는 사실이 아버지에게는 중요했는지도 모르겠다.

다음 날 아침 일찍 아버지와 나는 병원으로 향했고, 아버지의 수술을 위한 준비를 마쳤다. 나와 엄마가 다시 아버지를 찾았을 때, 그는 들것 위에서 떨며 수술실로 들어가기만을 기다리고 있었다. 전립선이 부어오르고 방광에 악성 종양이 생긴 아버지는 힘이 하나도 없어 보였다. 이 사람이 정녕 그 폭군이 맞는가? 자신의 기분에 따라 가정을 좌지우지하고 누구의 말도 듣지 않던 고집불통의 권위자가 바로 이 사람이라고? 그의 옆에 서 있는 동안 나는 머릿속이 복잡했다. 그의 연약함이 그대로 드러나 보이는 지금 이 모습을 받아들이기 어려웠다.

간호사에게 아버지가 추워하시는 것 같다고 말하자 바로 따듯한 모포를 가져와서 얇은 환자복만 입고 있던 아버지를 덮어주었다. 나는 이불로 아버지의 발을 감싸주었다. 그가 감사의 표시로 미소를 지으며 내 손을 잡았는데, 그동안 우리가 이 정도로 친밀함을 표시했던 적은 한번도 없었다. 아버지는 마취약에 취해 의식을 잃을 때까지 내 손을 놓지 않았다. 마침내 아버지의 눈이 감겼지만, 나는 간호사들이 이제 그만 들어가라고 할 때까지 아버지 옆에 가만히 있었다.

나는 몸을 굽혀 아버지에게 두려워하지 말라고 속삭였다. 하지만 아버지는 이미 마취에 빠진 상태였다. 들것이 더이상 보이지 않았을 때, 나는 화장실로 달려가 걷잡을 수 없이 구토를 하기 시작했다. 지금까지 내 마음이 겪었던 모든 고통을 쥐어짜내는 듯한 기분이 들었다.

수술을 잘 마치고 아버지가 회복하는 동안 나는 중요한 마음의 결정을 내렸다. 나의 (이기적인) 초점은 항상 우리의 관계가 제한적이라는 실망감에 맞추어져 있었다. 서로 대화를 자주 하지 않았기에 아버지가 기쁜지 슬픈지 화가 났는지 잘 알 수가 없었다. 나는 늘 무언가 손해를 보고 있는 듯한 기분이었다. 그는 자기를 잘 표현하지 않는 사람이었고 나에게 필요한 아버지상이 아니었다. 시간이 지날수록 나는 그런 불만들을 점점 더 키워나갔고, 아버지와 연락을 끊고 지낸 것에 대하여 나 자신을 합리화해 왔다. 지금까지 나는 될 수 있으면 아버지와 거리를 두고 멀리 떨어져 있으려고 노력했다.

이제 와서 생각해 보니 아버지가 감정을 잘 표현하지 않았던 것은 사실이지만 나 역시 사랑이 넘치는 딸은 아니었다. 우리의 아픔은 일방통행이 아니라 쌍방통행식이었다. 아버지도 아마 무시당하는 기분이 들었을 것이다. 엄마가 사는 곳을 방문해서는 아버지를 아는 척도 하지 않거나,

어머니와 즐겁게 대화를 나누면서 아버지를 쳐다보지도 않았던 일들이 떠올랐다. 모리 교수의 말이 나를 계속해서 밀어붙이고 있었다.

"다른 사람들을, 우리가 원하는 모습이 아니라 있는 그대로 볼 수 있다면……."

아버지는 실존하는 한 사람인데, 나는 그 사람을 있는 그대로 본 적이 없었다. 눈에 보이는 대상의 고유한 모습에 아랑곳하지 않고, 제멋대로 판단하고 재단한 다음 내 마음에 맞는 조건들을 내세웠다. 아버지는 나에게 자신을 드러낼 기회가 없었다. 어찌 보면 당연했다. 나는 내가 원하는 아버지상에 매여 있었으니까.

좀 늦은 감이 있지만, 이제 이런저런 조건들을 다 포기해버린다면 어떻게 될까? 내 기대를 강요하지 않은 채 아버지와 좋은 관계를 이어나갈 수 있을까? 그저 그렇게 하기로 선택했으므로, 내가 그런 사람의 딸이고 싶어서, 아무 것도 바라지 않고 그를 방문하는 것은 또 어떨까? 나는 더이상 어린아이가 아니다. 이제 어엿한 한 사람의 성인으로서 그에 걸맞게 행동할 필요가 있다. 있는 그대로 사랑할 필요가 있다.

현실적으로, 아버지를 더 자주 방문한다면 그에 따라 어러 다른 결과들이 나타날 것을 나는 예상할 수 있었다. 기분이 좋을 때도 있을 것이고 계속해서 쉽지 않겠다는 생각이 들 때도 있을 것이다. 하지만 이제 아버지의 행동은 나의 여정과는 상관이 없다. 내가 가는 사랑의 여정에 아버지의 행동이라는 조건이 더이상 따라붙어서는 안 되겠다. 사랑의 여정은 오로지 나의 결정에만 영향을 받아야 한다. 다른 이의 행동에 기대는 사랑은 애초에 온전한 사랑이 아니라는 깨달음에 나는 깜짝 놀랐다. 나는 사랑받고 싶어하는가, 아니면 사랑하고 싶어하는가?

> 이제 와서 생각해 보니 아버지가 감정을 잘 표현하지 않았던 것은 사실이지만 나 역시 사랑이 넘치는 딸은 아니었다.

병원에서 부모님 집으로 돌아오는 동안, 사랑과 관련하여 나는 어떤 사람이 되고자 하는지 생각해 보았다. 아무런 보상을 바라지 않고 사랑하는 데 꼭 필요한 것 중 하나는 남 탓을 그만두는 것이다. 나는 더이상 다른 이들의 도움이 필요한 어린아이가 아니었다. 지난 일들은 지난 일들일 뿐이다. 내가 사랑에 대해 처음으로 이해한 이 제한적인 정의를, 오늘 내가 사랑하는 데에 그대로 적용할 것인지 아닌지를 선택해야 했다.

아버지의 삶의 목표는 내가 가진 아버지상에 자신을 맞추는 것이 아니었다. 아니, 그의 삶의 목표는 나와는 아무 관계도 없는 일이다. 나에게는 내 삶의 목표가 따로 있으니까 말이다. 위대한 사랑의 관념과 그 고상한 지식이 내 마음에 끊임없이 영향을 미칠 수 있도록 나는 마음을 열어야 했다.

두 달 동안 매주 아버지를 방문한 후 뭔가 변화가 일어나기 시작했다. 나는 이 만남이 좋거나 나쁘다고 구분을 짓지 않았다. 아버지의 기분에 따라 내가 행복해 하거나 슬퍼하는 것을 멈추었다. 그저 내가 원했기에 아버지를 방문했고, 아버지가 고마워할 때도 있고 그렇지 않을 때도 있었지만, 그것을 점점 대수롭지 않게 여기다가 나중에는 아무런 상관도 하지 않게 되었다.

방정식에서 내가 필요로 하는 것과 기대치를 빼고 나니 내 아버지인 한 사람이 보였다. 그제서야 나는 아버지가 제대로 보이기 시작했다. 별로 행복하지 않은 삶을 살고, 다른 사람들과 풍성하고 의미 있는 관계를 맺는 것에 어려움을 느끼는 한 남자가 보였다. 그의 내면을 괴롭히는 나약함과 두려움과 불안함도 알 수 있었다. 나는 그의 삶과 직장과 가족과의 경험이 더 풍성했더라면 얼마나 좋았을까 하고 생각했다. 나는 40년 넘게 아버지에 대해 불평하며 마음에 화를 담아두고 있었다. 같은 지붕 아래 함께 살았음에도 나는 아버지를 제대로 본 적이 없었다.

아버지가 요양시설로 가기 전 마지막 몇 달 동안, 내가 갈 때마다 우리는 부엌 탁자에 앉아 이야기를 나누었다. 부엌은 언제나 우리 집의 중심에 있었고, 그 탁자에서 대화들이 시작되고 끝났다. 아름다운 금빛 떡갈나무 재질의 탁자에는, 손님이 여럿 오면 확장을 위하여 탈부착시킬 수 있는 간이용 테이블이 두 개 딸려 있었다. 내가 어렸을 때는 일요일 오후마다 친척들이 방문하곤 했다.

일가친척이 모여 탁자에 둘러앉아 커피와 과자를 먹고, 아이들은 청량음료를 마셨다. 아이들은 오래 앉아 있지 못하고 밖으로 나갔지만, 어른들은 앉아서 몇 시간이고 이야기를 나누었다. 탁자는 튼튼했고, 홈이 파인 다리에는 아버지가 바퀴를 달아놓아서 이리저리 쉽게 이동시킬 수 있었다.

아버지가 확장용 테이블을 영구적으로 고정시킨 다음 당시 신기술이었던 포마이카로 탁자 전체를 칠하던 날이 아직도 생생하게 기억난다. 누가 보아도 실용주의적인 행동이었다. 무엇을 흘려도 포마이카 덕분에 금방 닦아낼 수 있었다. 하지만 그 금빛의 나뭇결은 예술품 그 자체였기에 그것을 칠하는 것은 마음이 편하지 않은 일이었다.

> 나는 40년 넘게 아버지에 대해 불평하며 마음에 화를 담아 두고 있었다. 같은 지붕 아래 함께 살았음에도 나는 아버지를 제대로 본 적이 없었다.

그 탁자에서 우리는 가족으로 교제했고, 그 중심에는 식사시간이 있었다. 그때는 저녁마다 온 가족이 모였었다. 식사시간과 겹치는 스포츠 일정이나 방과 후 활동이 없어서 모든 것이 알맞은 시간에 끝나, 항상 가족들이 모일 수 있었다. 나는 당시 치어리더 활동을 했지만 경기 때문에 저녁식사 모임을 거른 적은 없었다. 아니, 식사시간에 늦어 급하게 집으로 뛰어갔던 일조차 없었다.

하지만 우리가 급한 적이 없었다고 해서 우리의 삶이 마냥 목가적인 것은 아니었다. 오히려 '집에 있는' 시간이 많아서 서로 갈등이 생길 기회도 많았다. 우리의 탁자에서는 엄청난 일들이 벌어지곤 했다. 내가 주로 앉던 자리는 창문 맞은편 끝자리였다. 그 곳에서는 창문에 비친 내 얼굴을 보며 익살스런 표정을 지을 수 있었기 때문에 나는 그 자리를 참 좋아했다. 하루는 내 익살스러운 행동에 여동생 가운데 하나가 너무 크게 웃다가 탁자에서 쫓겨나기도 했다. 이해가 되지 않는 일이었다. 내가 시작했는데, 내가 아니라 여동생이 쫓겨나고 나는 내 자리에 그대로 앉아 있었다. 하지만 굳이 그 사실을 얘기할 이유는 없었다.

그 탁자에서 아버지는 우리 성적표를 확인하고, 수학공식을 푸는 것을 도와주셨고, 수없이 우리를 훈계했다. 아버지는 이탈리아인이었으므로 그의 일상적인 말투도 소리 치는 것처럼 들렸다. 화가 나거나 무언가를 강조할 때는 그 말투가 두 배는 더 강하게 느껴졌다. 나는 항상 인정받고 싶은 마음에서 아버지의 표정을 살피곤 했다.

> 부엌은 언제나 우리 집의 중심에 있었고, 그 탁자에서 대화들이 시작되고 끝났다.

또 그 탁자에서는 어머니가 볼티모어 교리 문답서 내용을 물어보시기도 했다.

"누가 세상을 창조했니?"

"하나님이 세상을 창조하셨어요."

"왜 하나님이 우리를 만드셨니?"

"이 세상에서 하나님을 알고, 사랑하고, 그를 받들고 죽음 후에 그와 행복하게 영원히 살기 위해서요."

어머니는 심지어 가톨릭이 아니라 침례교였지만 우리를 가톨릭 신앙으로 키우겠다는 약속을 신실하게 지켰다.

우리는 그 탁자에 앉아 친구들과 즐거운 시간을 보내기도 하고, 이성 친구가 아버지에게 검사받듯이 질문 세례를 받는 것을 보기도 하였다. 밤중에 속이 좋지 않거나 잠이 오지 않을 때에도 거기에 앉아 차를 홀짝였다. 내 남편 로이 다시가 나와의 결혼을 허락받기 위해 부모님을 찾아왔을 때도 나는 그 탁자에 앉아 있었다. 1년 후 우리는 같은 곳에 앉아 부모님께 그들의 첫 손녀인 사라를 보여드렸다. 넓은 탁자 위에 커다란 청색 알루미늄 통을 놓고 사라를 함께 목욕시키기도 했다.

3년 후, 로이와 사라의 죽음을 받아들일 수 없어서 나는 그 탁자로 돌아왔다. 둘째 딸인 베스가 태어났을 때 (나는 사고 당시에 베스를 임신하고 있었다) 그 탁자로 돌아와 익숙한 청색 통에서 베스를 목욕시켰다. 그 아이 역시 우리 모두에게서 익숙함과 안전함을 느끼는 듯했다.

아버지는 지금 이 세상에 없지만 어머니는 아직 그 집에 살아 계시고, 그 탁자 역시 바로 그 자리에서 조용히 우리의 식사와 대화와 슬픔과 기쁨의 증거로 남아 있다. 하지만 나에게 있어 그 탁자는 더 큰 의미를 가지고 있었다. 내가 자란 가정의 전통을 대변하는 동시에 우리가 집에서 겪은 여러 고난에도 불구하고 우리 가족 사이에 사랑이 흘렀다는 것을 상기시켜 준다. 불화와 혼란 중에서도 사랑이 움직하고 있었다. 사랑에 대해 우리가 실망하거나 이해하지 못한 부분도 있었지만 결국 우리가 함께 앞으로 나아가는 것을 붙잡지는 못했다. 우리가 그 탁자에서 누렸던 삶은 우리의 출발점이었지만, 우리는 그것을 넘어 성장해야만 했다.

우리가 나아가는 길에는, 비록 신비와 모순에 휩싸인 모습일 수도 있지만 더욱 큰 사랑이 우리에게 자유를 주기 위해 기다리고 있다. 바로 그 사랑을 통해 보상에 대한 기대가 얼마나 나를 억압하고 있었는지 깨달았고, 진정한 변화의 방향으로 새로운 도전을 시작할 수 있었다. 어떤 의미에서는 사랑이, 그 탁자를 덮고 있던 포마이카를 벗겨낸 셈이다. 포마이카는 실용적인 역할을 감당하고 있었다. 하지만 결국 확장용 테이블은 다시 분리되었고, 금빛의 떡갈나무 무늬가 다시 그 모습을 드러내야만 했다. 사랑은 모든 것을 자유롭게 하려고 고집을 피운다.

어느 날 밤, 나는 어렸을 때의 그 부엌으로 들어가는 꿈을 꾸었다. 가족들, 어머니, 내 딸 베스마저 그 곳에 있었지만, 탁자는 어딘가로 사라져 보이지 않았다. 우리는 그 탁자가 있던 자리에 서 있었고, 그 곳에서는 무언가 역동이 느껴졌다. 그 꿈에서 나는, 이전에 있던 사물들이 어떤 목적으로 치워졌다는 사실을 깨달았다. 그럴 필요가 있었다. 흘러간 방식의 이해와 지식은 새로운 방식으로 변화되어야 한다. 탁자가 있던 그 중요한 자리에는 우리 영혼의 사랑, 곧 주님의 영이 자리잡게 될 터이다.

사랑은 모든 것을 자유롭게 하려고 고집을 피운다.

10. 모든 것은 우리 앞에 놓여 있다

내가 심리치료 실습을 할 때 함께 산책하곤 했던 스콧은 이제 자녀를 둔 중년이 되었다. 나는 아직도 우리가 둘 다 어려웠던 시절에 마치 큰 그림을 그리듯이 서로에게 의미 있는 만남이 되어줄 수 있었던 것이 경이롭게 느껴진다. 그 경험을 이 책에 삽입하기 위해 스콧의 허락을 구했을 때, 그는 나에게 이렇게 답장을 보냈다.

"제가 갖고 있는 모든 기억은 긍정적이고 사랑스러웠던 것 외에는 다른 것이 없어요. 저를 돌봐주시고 함께 산책해주셔서 정말 감사합니다."

내게 아기 신발 핀을 선물해 주었던 존 벤틀리는 아직도 나와 함께 하고 있다. 존과 그의 아내 주디는 내 딸 베스와 만났고, 그들은 서로 보자마자 깊은 호감을 느꼈다. 내 친구인 마르시아가 어느 날 신발과 성경 구절에 대한 얘기를 그녀의 친구들과 하고 있을 때, 듣고 있던 한 여성이 수줍게 말했다.

"제가 폴라 씨에게 신발을 준 사람이에요."

그녀는 남들에게 줄 작은 선물을 항상 손가방에 넣고 다니곤 했는데, 그 날에는 아기 신발밖에 없었다고 했다. 나에게 그 선물을 주어야 한다는 강렬한 느낌이 왔지만, 처음에는 그 충동을 억누르려 했다고 한다. 딸이 둘이나 있고 심지어 한 아이를 사고로 잃은 엄마에게 그 작은 한 쌍의 신발을 건네주는 것은 무언가 잔인해 보인다고 생각했다. 하지만 그녀는 자신을 인도하는 분을 믿어보기로 했고, 그렇게 사람들 사이로 손을 뻗어 내게 선물을 주었다.

그 일 후에 1년이 채 지나지 않았을 때, 앨라바마에서 지내는 동안 나는 존과 주디 부부와 함께 지냈다. 그들은 부모를 잃은 아이들과 과부들을 돌보라는 성경 말씀을 진지하게 따르고 있었다. 또한 풍족해서가 아니라 희생을 감수하며 베푸는 것을 배워야 한다고 말했다. 나중에 존은 베스와 앉아 아기 신발의 이야기를 들려주고는 그녀에게 그것을 전해주었다. 존은 그 날 아버지의 역할을 맡아 베스에게 세상 여기저기를 탐험한 이야기를 들려주었다.

내가 교도소에서 만났던 줄리아는 이제 출소하였다. 2003년 11월 추수감사절 3일 후, 내가 매사추세츠의 뉴턴센터 기차역에서 보스턴으로 가는 기차를 기다리고 있을 때, 정확히 12시 30분에 도착한 기차에서 줄리아가 내렸다. 우리가 수 년 동안 함께 상상하고 꿈꾸던 날이 현실이 되는 순간이었다. 그녀의 복역이 끝났고, 이제 자유였다.

> 또한 풍족해서가 아니라 희생을 감수하며 베푸는 것을 배워야 한다고 말했다.

당연히 우리가 눈물을 흘렸을 것이라고 예상했을지 모르지만, 오히려 우리는 크게 웃었다. 서로를 껴안고 빙글빙글 돌며 웃고 또 웃었다. 간수도 없고 금속탐지기도 없고 구속장비도 없었다. 우리는 작은 인도 음식점에 들어가 쉴 새 없이 떠들었다. 오래 전 교도소에 내가 몰래 가지고 들어갔던 세라믹 장식품에 대해, 내가 만났던 수감자들에 대해서 말이다. 그리고 그녀가 보스턴 대학 신학교 입학을 앞두고 있다는 놀라운 얘기를 나누었다. 하지 못했던 말과 감정을 모두 드러내기에는 우리의 시간이 너무 짧게 느껴졌다.

보스턴에서의 만남 이후, 줄리아는 변호사와의 상담을 통해 평생 운전면허를 취득할 수 없다는 사실을 알게 되었다고 이메일을 보내왔다. 항소하여 공청회를 신청할 수는 있지만, 그녀의 변호사는 엄청난 비용이 들 것이며 결국은 질 것이라고 말했다. 그녀의 이메일은 철학적이었다.

"저보다 제 면허를 더 원하는 사람들이 있는 것 같으니 그냥 줘야죠 뭐. 솔제니친의 명언이 있네요. '모든 것을 빼앗지 않는 한 그를 통제할 수 있다. 하지만 모든 것을 빼앗아 간다면 더이상 그를 통제할 수 없다.' 이제 빼앗길 걱정을 하지 않아도 되니 더 자유를 누릴 수 있겠어요. 몇 분 뒤면 강가를 걸어서 출근하겠군요."

줄리아가 있던 교도소를 방문했던 첫 날이 아직도 선명하게 기억난다. 나는 내가 다른 이들을 도우러 간다고, 보다 불운했던 이들에게 무언가 가치 있는 것을 가지고 간다고 생각했다. 하지만 난 완전히 틀렸다. 실제로는 내가 얼마나 그 곳에 더 있어야 할지, 얼마나 많은 것을 받을지 전혀 모르고 있었다. 교도소에서의 경험은 나의 많은 진실들이 비춰진 거울과도 같았다.

그 이후 나는 기회가 있는 대로 여러 교도소와 보호소를 찾았다. 거기서 여러 사람들의 놀랄 만한 솔직함을 통해 그들의 용기를 엿보았다. 그들의 이야기는 내가 얼마나 자유에 대해 무지한지, 우리가 일상에서 추구하는 사랑이 더 위대한 사랑과 얼마나 다른지 일깨워주었다.

그 여정에서 나는, 우리가 많은 대가를 지불하면서까지 자신의 진정한 회복을 외면한다는 사실을 배웠다. 용서가 시작될 때까지, 감사의 언어를 배울 때까지, 우리가 '사랑'이라고 부르는 것의 작은 움직임을 이해할 때까지, 상상이 가진 능력을 깨닫고 우리가 만들고자 하는 그림을 그릴 수 있을 때까지, 우리는 같은 실수를 반복하면서 우리를 자유롭게 할 수 있는 문을 지나쳐간다. 이미 익숙한 사고와 관념이 뇌리에 깊이 박혀 있어서 지금까지 해오던 방식에 너무 자주 설득당하는 것이다.

문턱은 새로운 방향으로 넘어가보려는 의지를 필요로 한다. '앎'에 집착하고 있는 우리에게 '알려고 하지 않을 것'을 요구한다. 우리가 가지 않으려 했던 곳으로 이끌어가기를 고집하고, 자아를 지키고 우리의 모습을 작게 만드는 목마름을 개의치 않는다. 우리가 아는 사랑과는 전혀 다른 사랑에 대해 이야기한다. 문턱은 우리가 잠에서 깨어 처음으로 세상을 제대로 볼 것을 요구한다.

누군가는 가장 진실된 사랑에 일종의 무심함을 느끼면서 그것이 본질이라고 말한다. 그런 사랑의 참된 힘이 작동할 때, 저 별들마저 움직일 수 있다고 말이다. 뉴멕시코주의 고스트 랜치 센터에서 내가 이끌었던 우먼즈 라이트 오브 패시지(Women's Rite of Passage)의 첫날 아침, 창문 밖 플라스틱 슬리브에 갇혀 있던 새가 기억난다. 그 새는 밖으로 나가기 위해 몸부림을 치고 있었다. 새가 탈출하기 전까지 우리는 일정을 미뤄야 했다. 방에 있던 모든 이들이, 그것이 상징하는 바를 이해했다. 그 새의 날개는 우리의 날개였다.

내 원고의 마지막 퇴고를 하고 있는 지금, '우먼스 피크 2007'이 그 구상의 마지막 단계를 지나고 있다. 시간이 멈춘 것 같고 우리는 행사 당일이 오늘과 다를 것이 없다는 것을 점점 깨달아가고 있다. 오히려 행사 당일을 경험할 수 없다면, 우리는 오늘을 그리워할 것이다. 그 둘은 똑같으니까. 예술가 메리 사우사드의 놀라운 재능은, 우리의 비전을, 모든 인종의 여성이 폭이 넓은 로브를 입고 손을 머리 위로 뻗은 가운데 그 위에 지구가 돌아가고 있는 그림으로 표현해 주었다. 그녀는 이 그림을 '지구를 노래하는 여인들'이라고 불렀다.

나는 성장하기 위해 나의 삶을 뒤흔들 수 있는가? 나는 사랑의 힘이 나를 어디로 데려다줄 수 있을지 정말 알고 싶은가? 나는 진실을 알기 위해 집을 떠날 수 있는가? 나는 잠자고 있는 내 영혼을 주님의 영이 깨울 수 있도록 허용할 것인가?

감사의 말

이 책을 출판하는 데 크로스로드 출판사(Crossroad Publishing)가 중요한 역할을 감당해주었다. 원고가 완성되는 데 그들의 크고 작은 도움이 있었으며, 그들과 함께한 새로운 경험에 대해 감사드린다. 마리아 데빗, 재키 안드레, 매튜 로플린, 크리스틴 필립스, 짐 필립스, 그리고 특히 존 존스에게 감사를 표하고 싶다. 존은 주 편집자는 아니었지만 든든한 조력자였고, 언제든 자신의 아이디어나 특별한 생각을 제시할 준비가 되어 있는 사람이다. 그를 생각만 해도 마음이 훈훈해진다. 내 친구이자 출판인인 그웬돌린 허더에게 큰 감사를 드린다. 내가 작가로서 중요했던 순간마다 그녀의 열린 마음, 솔직함, 그리고 경청하는 태도가 큰 도움이 되었다.

내 편집자인 로이 M. 칼라일에게도 감사함을 표시하고 싶다. 로이는 나에게 새로운 관점을 열어주는 뛰어난 편집자로서 계속해서 나에게 "할 수 있어요. 한번 해보세요"라고 말해주는 사람이다. 내 시야, 가능하다고 생각하는 것, 작가로서의 내 자아상, 감수하려는 위험 등 많은 부분에서 그의 영향을 받았다. 그의 책 사랑과 작가에 대한 헌신은 놀랍기만 하다.

이 책이 출판되기 직전 급작스럽게 세상을 떠난 어머니, 어머니 곁에 계실 아버지, 그리고 스콧, 줄리아, 모리 교수, 존과 주디 벤틀리, 마르시아 호지즈, 팻 시몬즈에게, 우리 모두의 삶을 바꿔놓은 강렬하고 멋진 이야기들을 들려준 데 대해 감사드린다. 그들은 나에게, 한시도 시간을 낭비해서는 안 되며, 우리가 '인생'이라고 부르는 짧은 여정에는 힘이 가득하다고 일깨워주었다.

내가 캘리포니아에 도착한 이후로 계속 나와 함께해 준 로빈과 잼시드 갈레잔에게 감사한 마음을 전한다. 이 책에 대한 이야기를 듣고 나서, 날카로운 통찰력을 더하여 올바른 방향을 찾는 데 인내와 사랑으로 도와준 로빈에게 특히 더 감사의 마음을 느낀다. 잼시드에게는 고향 이란의 문화에서 중요한 시의 아름다움을 가르쳐주고, 조용하되 사랑이 넘치는 본보기가 되어준 것에 대해 감사를 표시하고자 한다.

낯선 이를 팔 벌려 맞이해준 토니와 팜 페트로타, 잭 밍고, 에린 바레트, 맥네어 윌슨, 그리고 다프니 드레서에게 큰 고마움을 표하고 싶다. 그들 모두 캘리포니아에서 좋은 음식과 음악, 웃음, 바닷가와 호수 산책 등으로 내 삶을 채우며 환영해주었다.

내 사진을 찍어주고, 남편을 여읜 이야기를 하도록 허락해준 마델린 팅에게 감사한다. 그녀의 아름다움과 힘은 슬픔 중에서도 빛나며, 우리가 서로와의 관계에서 더욱 많은 것을 이룰 수 있다는 믿음을 주었다. 내 친구들 케이 버나드, 데니스 케이시, 리사 레비, 톰과 데비 모릴, 코니 바리오스, 그리고 스테이시 딜에게 특별한 감사함을 보내고자 한다. 그들은 내 강의와 재단 사역에 많은 도움을 주었다. 나의 세상에 밝게 빛나는 별과 같은 베스에게도 깊은 감사를 전한다.

작가 소개

작가이자 수련회 인도자이자 컨퍼런스와 세미나의 강사인 폴라 다시는 미국과 캐나다 등지를 여행하며 활동하고 있다. 또한 궁핍한 이들의 발전과 영적 성장을 돕고 교도소 수감자들과 제3세계 및 개발도상국에 사는 이들을 위한 레드 버드 재단(Red Bird Foundation)의 이사장으로 사역하고 있다.

폴라 다시는 노먼 빈센트 필 박사가 설립한 필 재단에서, 그가 1993년 사망할 때까지 슬픔과 상실을 겪는 이들을 위해 심리치료사로 일했다. 때때로 그녀는 리처드 뢰르 신부와 함께 남성과 여성의 여정에 대한 세미나를 개최하기도 했다. 그녀의 저작들은 성년식과 통과의례에서 여성을 이끄는 내용들이다.

폴라 다시의 사역은 그녀 개인의 비극에서 시작되었다. 1975년 그녀는 남편과 21개월 된 딸을 잃은 음주운전 사고를 겪었다. 당시 임신했던 그녀는 사고 후 둘째 딸인 베스 스타를 낳았다.

지독한 슬픔과 아픔을 겪었음에도 그녀는, 기독교적인 배경을 가지고 있으면서 비그리스도인에게도 수용될 수 있는 보편적인 인간 본질에 대한 메시지를 전하고 있다.